異教の隣人

釈徹宗
＋毎日新聞「異教の隣人」取材班
マンガ・細川貂々

晶文社

装丁　佐藤直樹＋菊地昌隆（アジール）
帯イラスト　細川貂々
写真提供　毎日新聞社

異教の隣人　目次

III

0　異教の隣人の声を聞く

釈徹宗

〝チーム異教の隣人〟結成

まさかこの連載が2年間も続くとは思っていませんでした。

発端は、例によって毎日新聞の鈴木英生さんからの連絡でした。「例によって」などと書いたのは、鈴木さんはひんぱんにユニークな案件を持ち込む人だからです。この人はご自身も僧籍を持っておられ（浄土真宗の僧侶）、しばしば宗教系のトピックスで紙面を彩る記者です。私も何度かお仕事をご一緒したことがあります。一番記憶に残っているのは、南御堂（真宗大谷派の別院）のゆるキャラであるブットンくんとの対談です。鈴木さんが「ブットンくんと対談してもらえませんか？」と電話で打診してきたのです。私は「えっ、ブットンくんって、しゃべれるのですか？」と尋ねると、鈴木さんは笑って「何を言っているんですか。ゆるキャラなんですよ。しゃべりませんよ」と言い放ちました。どうやって対談するんだ……。こういう話を持ち込んでくる人物です。

その鈴木さんから「この春から大阪本社学芸部ではおもしろいメンバーがそろうので、何か宗教系の連載を始めませんか」との連絡があったわけです。そして鈴木さんは私の寺子屋・練心庵に中本泰代さん、清水有香さん、花澤茂人さんを伴ってやってきました（この時、棚部秀行さんは仕事で欠席）。

鈴木さんいわく、「中本さんと清水さんはとてもよい感性の持ち主、棚部さんはタイの僧院で出家修行の経験があり、花澤さんは東大寺で僧籍を取っている。せっかくこんなメンバーがそろっているので、宗教に関わるコーナーをやりたい」とのことでした。ははあ、けっこう白紙のままでウチに来ましたね……。

私は「これから我々の社会はイスラームが身近な隣人となってきます。このことにふれないわけにはいかないでしょう。それに、イスラームだけじゃなくて、関西にはいろんな外国の伝統宗教の施設がありますよ。そういうところを訪れて行くのはどうでしょうか」と提案しました。その結果、そこそこ話ははずみ、その線で行きましょうということになったのです。かなりゆるく決まりました。

この時点で私は、いくつかの心当たりはあるものの、〝関西圏内で〟〝外国の伝統的宗教で〟〝日本ではあまり身近ではない〟などの制約の中で取り上げていくのですから、「この連載は半年くらい続けばいいかな」といった気分でいました。

いずれにしても、ここに〝チーム異教の隣人〟が結成されたのです。後に、少々行き詰まり気味になった際、宗教社会学者の三木英《ひずる》先生が参加してくれることになります。三木先生のチーム加入は大きかったですねえ。

また、「異教の隣人」というタイトルを考えてくれたのは、チームリーダーの中本泰代さんでした。まるで屈託のない少年のような雰囲気の中本さん。この人はキャッチコピーなどをつくるのも達者らしいのですが、まさにどストライクのタイトルをつけてくれました。

ポイントは二つ

異教の隣人たちが集う場に身をおくことができる、異教の隣人たちのナマの声を聞ける、私個人にとっても興味津々の企画がスタートしました。記念すべき第1回は、大阪府茨木市にあるイスラームのモスクでした。この回の担当は、屈託なき少年風の中本さんです。ちょうどイスラーム過激派によるテロ事件が多発している最中で、日本のイスラム・コミュニティの人たちは取材に対して警戒感がある時期だったのですが、茨木市のモスクはとてもおおらかな態度で受け入れてくれました。また、仲介役およびアテンド役として、ジャーナリストの北口学さんが細やかに配慮してくれたことで、スムーズに取材が進みました。お話を聞いてみると、このモスクは地域との連携をはかり、在日外国人や被差別地域問題にも連携する場であることがわかりました。また、近隣にある大阪大学の留学生が集いやすい位置にあることもわかりました。このあたりは実際にその場に足を運んで、当事者の人たちと語り合わねば実感できません。

もちろん、私はこれまでも近隣の寺院や教会、モスクやシナゴーグなどには足を運んでいました。また、それぞれの宗教者と交流はあったのですが、〝異教の隣人〟という企画のおかげで少しゆっくりとお話が聞ける機会を得ることとなったわけです。これは宗教研究者として、また僧侶として、とても楽しみなことでした。私はしばしば「個人的嗜好を仕事にうまく転換している」と周囲からうらやましがられるのですが、これもまさにその通りのお仕事となりました。

さて、私が異教の隣人たちに尋ねたいことのポイントは二つ。ひとつは「日本で自分の信仰を続けていくためにどんな苦労があるのか」、もうひとつは「その苦労を引き受けてでも信仰を継続させていくものは何なのか」でした。毎回、この二つは必ず聞くようにしています。ただ、連載を続けていくうちに、「宗教的な場が生み出すもの」といったテーマの重要性も浮上してきました。ですから、何度か「あなたにとってこの場所はどのようなものなのでしょうか」という問いも投げかけています。

宗教儀礼の時空間

宗教の時空間には、必ず儀礼性があります。そして、〝異教の隣人〟シリーズでは、この「宗教の時空間」「宗教儀礼性」がどれほど人間にとって重要であるかを何度も実感することとなりました。

少し儀礼とは何かについてお話しましょう。

儀礼（リチュアル）といえば、儀式（セレモニー）を連想しがちだと思います。もちろん、儀式は中心的な要素なのですが、儀礼の範囲はもう少し大きくて、言語・服装・建築・作法などにおける伝統的様式や義務も含まれます。

歴史学者のフュステル・ド・クーランジュは「社会は最初に宗教的儀礼から始まった」と言っております。儀礼とは、定型化された非日常的様式であり、多くの象徴を駆使した行為なのですが、その中でも特に〝聖なる領域〟が設定されているものを宗教儀礼と呼びます。宗教儀礼は、人類が人類である所以に関わっています。また、宗教儀礼という行為は、宗教の発生と結びついています。

宗教の起源には諸説あります。もっとも原初的な宗教形態は何か。この問題について、エドワード・バーネット・タイラーが提唱したアニミズム説（宗教は霊魂観念から発生した）がよく知られています。あるいは、ロバート・ヘンリー・コドリントンやロバート・ラヌルフ・マレットが言及したマナイズム（超自然的な力への信仰）がアニミズムよりも原初的だとする説もあります。

これらの説に対して、言語学者・聖書学者のウィリアム・ロバートソン・スミスは「霊魂の観念よりも儀礼のほうが先行している」と考えました。それほど儀礼とは人類にとって根源的なものなのです。

今回、さまざまな宗教の時空間に身をおきましたが、その宗教がもっている価値観・世界観やナラティブ（物語り）を共有している人ばかりが集っているわけではありませんでした。「友達に会える」とか、「みんなと食事するのが楽しい」などと、もっと気楽な理由で来ている人もいました。でも、信仰や理念よりも、「一緒に儀礼に参加する」ことの力強さは、そこに集う人たちの人生を根源的に支えていると感じました。

①宗教の場に身をおく――コミュニタス状態

このシリーズで訪れた場所は、基本的に信仰共同体の場であり、集団での祈りの場です。これは、個人や家庭での祈りの場とはまた異なる面があるわけです。

そもそも宗教には、集団の営みという要素があります。どれほど熱心に信じていても、それが個人の営みであれば「信条」や「思想」の枠内にとどまるのであって、「宗教」とは呼び難いところがあります。

また、宗教は独特の場を生み出します。そこは世俗とは別の理屈で成り立っています。そこでは宗教儀礼が営まれ、宗教儀礼によって「コミュニタス状態」が発生します。この「コミュニタス状態」というのは、ヴィクター・ターナーの論をかなり勝手に私釈したものなのですが、ようするに「世俗の価値からいったん離脱して、人々が独特の対称性を取り戻した状態」のことなのです。そこでは、社会の順列や地位などが横に置かれ、普段まとっている価値観がカッコに入れられ、神や仏の前で平等になるのです。巡礼や祭、あるいは無礼講などもコミュニタス状態ですよね。宗教儀礼のみならず、音楽や芸能の場も似たような状態を生み出します。音楽や芸能は、宗教儀礼と密接ですから。

宗教儀礼によってさまざまな境界が一時的に融解し、人と人とがもつ本来の対称性が回復する。あたかも一つの生命体のような、連動した場が生まれる。それは至福の場です。「つながる」喜びが共有され、その場にいる人々の心身がシンクロするのです。

その場に心身をチューニングするには、少々修練が必要ですが、なかなかその場を楽しめない未成熟な人でも、わが身を預けているうちに少しずつ共振体質が養われていきます。そして、徐々に流れに馴染んでいき、わが身を任せるのが上手くなってくると、ついには宗教儀礼ならではの場が成立するのです。

宗教は私たちの生と死に最終的な意味づけをする機能をもちます。宗教性の高い場がなければ、私たちの人生はあまりに過酷なものとなります。逆に言えば、宗教性の高い場に心身を同調させることで、日常とは別の回路の扉が開き、苦難の日常を生き抜くことができるわけです。

②宗教の時間に身をゆだねる――カイロスを延ばす装置

次に宗教的時間について考えてみましょう。

神学者であり哲学者であるパウル・ティリッヒは、時間を「クロノス」と「カイロス」に分けて考察しています。両方ともギリシャ神話に出てくる神の名前です。ティリッヒの分類で言えば、クロノスは物理的・客観的な時間のことであり、カイロスは主観的・体験的な時間を指します。それを援用して、宗教的時間について考えてみましょう。

現代人はかなりクロノスを有効活用しています。かつては数日かかった移動距離を、数十分で到達することができます。以前は何時間も必要だった計算を、瞬間で終わらせることもできるようになりました。日が暮れたらもう仕事ができなかった時代に比べれば、かなり一日を長く使うことができます。2時間も3時間も必要だった食事やお風呂の準備も、それほど手間をかけずに実行できます。ですから、現代人はひと昔前よりもずっと時間があまってしかるべきなんですよね。でも、あきらかに現代人の方が忙しくなっている。時間に余裕がない。あらためて考えてみれば、おかしな話ではありませんか。これは主観的な時間であるカイロスが委縮しているからだと思います。いくら物理的な時間のクロノスの余剰があっても、カイロスが縮めば忙しくてイライラして、しんどくなってしまうのです。

我々のカイロスの時間が委縮しているのは、委縮するような装置が増加する一方だからでしょう。短時間で対応したり解答したりするのが、より良いモデルとなっている社会ですから。瞬時にして広範囲に情報が行き渡り、それを常にキャッチアップしていかねばならない状況なのです。私たちは、この点をよく自覚して、時間を延ばす装置や技法に眼を向けねばならない時期を迎えています。どうすればカイロスを延ばすことができるか、それは現代人の大きなテーマなのです。

実は、人類にとって最も良く「カイロスの時間を延ばす装置」は宗教儀礼です。

宗教儀礼の歴史は、ほぼ現生人類としての歴史と重なります。人類ははるか古代から宗教儀礼を営んできました。宗教儀礼の場を創造することによって、人類は共同体を維持し、大きな存在に思いをはせ、個人を超える感性を育ててきたのです。私たちも、宗教儀礼の時間に心身を添わせることによって、委縮しがちなカイロスを少しだけ延ばせるに違いありません。そして、延びた時間の中で暮らすことで、向き合わざるを得ないさまざまな困難や苦難を引き受ける耐性が上がるのです。委縮した時間の中にいると、ささいなことでも辛抱できなくなってしまいます。

日本で暮らす異教の隣人たちは、宗教儀礼の時空間に身をおくことで、暮らしの中の不合理な事態を引き受けているように見えます。だからこそ、多くの面倒な手続きや義務があっても、教会や寺院を運営しているのでしょう。

つながっているから生きていける

東日本大震災の際、私たちは地域コミュニティーがいかに大切であるかを痛感しました。ちょうど「無縁社会」などといった言葉が流布し始め、小さなコミュニティーを再構築しようとする動きが注目されている最中でした。もともと、日本の地域コミュニティーは「お寺」や「神社」を核として構築されてきました。でも、そのカタチは都市部を中心に大きく変化しています。これからどんなモデルに可能性があるのか。それに宗教がどんな役割を果たすのか、そのあたりは私自身とても関心をもっています。

なにしろお寺の住職は心から地域コミュニティーを守りたいと思っていますからね。ヘタすると地域の誰よりも、行政の誰よりも、地域コミュニティーの存続を願っているかもしれません。だって、引っ越しできないんですから。

たとえば、お寺を中心としたコミュニティーを考えてみても、ずいぶん事情が違います。地域性や習俗などの相違もあります。私が住職をしている如来寺は「ムラ」という形態が色濃く残った農村型です。ご近所はほとんどが檀家さんです。

一方の都市型はどうか。ムラ型コミュニティーは良いところも多いのですが、煩わしさもあります。そういったムラ型コミュニティーの濃密な関係性が嫌で都市部へと移動した人も少なくないでしょう。なによりムラでは就職できる仕事が限られています。都市では地域コミュニティーの煩わしさを避けることができ、仕事もあります。でも、あまりに関係性が希薄になってくると、それはそれで具合が悪くなる……。そこで今度は都市型の小さなコミュニティーを生み出さねばならないわけです。だから、都市のお寺を拠点にしたコミュニティーを観察してみると、ムラ型とは異なるつながりを確認することができます。

いずれにしても、私の関心は「宗教性があるコミュニティー」「儀礼性の高い集いの場」です。ここが人間にとって最も重要なポイントだと考えているからです。なにしろ、「結びつける」「つなげる」は宗教の本質のひとつです。宗教は、神と人、人と人、個人と共同体を結びつけることに高い能力をもっているのです。

私たちは、「何ものにもつながっていない」と感じる事態に追い込まれると、生きていくのはとても過酷になります。逆に言えば、かなり過酷な状況におかれても、「つながっている」と実感できれば、何とか生き抜ける時もあるということです。

ブラジル教会を尋ねた際も、このことを考えさせられました。

本文でも紹介されていますが、日本で暮らすブラジル出身者は多く、その大半が製造業に従事しています。その人たちが力を合わせて教会を立ち上げたのです。日本生まれのブラジル教会です。

日曜日の礼拝では、牧師さんが音楽にのって、「兄弟たちよ、姉妹たちよ、君はひとりじゃない。ひとりで泣いてはいけない。共に泣こう」と語りかけます。牧師さんの説教に、その場にいる人たちは身体を震わせ、心をシンクロさせて祈っていました。この場に来れば、自国の言葉で説教を聞くことができます。自国の歌を歌えます。自国の料理を、みんなで一緒に食べるのです（共食行為はきわめて宗教的な営みであり、コミュニティー維持の重要要素です）。その一体感たるや、大変なものでした。日曜日に集い、つながりを確認して、また月曜日から日本社会で精勤するのです。

「信じる」「感じる」「行う」

ところで、宗教といえば、「信じる」という前提なしには成り立たないと思われがちですが、そんなことはありません。「信じる」以外に、「感じる」といった宗教性もあります。たとえば、祭りや地鎮祭、葬儀や法要などは、きちんとした信仰がなければ参加できないってわけじゃありませんよね。特段の信仰がなくても、自然現象に神を感じることもあるでしょう。クリスチャンじゃなくても、教会の讃美歌に聖性を感じることもあります。その場その場で起こる、一回限りの宗教性というのもあると思います。

また、「信じる」「感じる」以外にも、「行う」という宗教性もあると思います。信仰や情念よりも、行為が先立つような宗教性です。宗教的な習慣や行為様式などが、私という存在を根源的に支えてくれることもあるのです。これがなかなか侮れません。たとえば、ユダヤ民族が1900年にもわたって自国がなくても、ユダヤ民族であり続けることができたのは、ユダヤ教のエトス(行為規範・行為様式)があったからだと言えるでしょう。ユダヤ教のエトスがある限り、彼らはどこで暮らしてもユダヤ民族であり続けることができるのです。

そういえば、私自身にもこんな経験があります。浄土宗の僧侶たちとイスラエルやパレスチナを訪問したときのことです。イスラエルではユダヤ教の強烈なエトス、パレスチナではイスラームの強烈なエトスが存在します。そんな中にいると、なんだか少々毒気にあてられたような気分になってしまいました。なにしろむせかえるような宗教性、こちらの枠組みが揺さぶられるようなエトスなのです。ちょっとフラフラになったのですが、その時、浄土宗のみなさんと一緒に「十念(南無阿弥陀仏を十回称える)」を称えたのです。すると、身体の奥底からわき上がるものを感じ、急速に肌感覚が戻りました。何か、自分の立ち位置が復興した、そんな感じです。その時、ふと「もしかしたらお念仏を称えれば、どこでも生きていけるかも」といった思いになったのです。お念仏を称える行為を、単純にエトスととらえることは間違っているのですが、称名念仏の行為様式が肌感覚となっていなければ起こらない事態があることは間違いありません。

「異教の隣人」シリーズでも、この「信じる」「感じる」「行う」の宗教要素を繰り返し考えさせられることとなりました。たとえば、兵庫県姫路市にあるベトナム仏教の寺院で出会った女性は、「このお寺ができて、やっと日本での暮らしが身体にしっくりくるようになった」と語っていました。ベトナム仏教の寺院ができるまで、日本でベトナム出身者たちのコミュニティーをサポートしてくれていたのは、キリスト教の教会だったそうです。教会のサポートは、70年代のベトナム難民時代から続けられてきたとのことで、「さすがキリスト教」と感心しました。しかし、「教会のサポートは本当にありがたかったのですが、どうしてもしっくりこない感じがあって……。たとえば、母のお葬式の時など、やはりベトナム仏教のやり方でないと……」といったお話を聞かせてくれました。もちろん、ベトナム出身者の全員がそのような違和感をもったわけではないでしょうが、少なくともその女性は伝統的なベトナム仏教のエトスを求めていたのです。そして、ベトナム仏教寺院が建立されたことで出身地の様式という足場が形成され、身も心も日本での暮らしにフィットさせていくことができたわけです。

分かち合うことは人類の根源的な喜び

宗教の場は、「奉仕」や「贈与」がベースになっています。

実は、自分のためだけに生きるというのはかなり辛いものがあります。その「自分」というもの自体が、かなり不明瞭ですからね。また、「ちょっと生きることに行き詰まった時、他者のために何か行動したら別の道が開けた」といった経験をもっている人も少なくないでしょう。

以前、「いのちの電話」（自死予防のための電話相談。日本ではキリスト教宣教師によって始められた）の活動をしている人達とご縁があって、何度かじっくりとお話を聞いたことがあります。「いのちの電話」の拠点は日本全国にあるのですが、そのうちの数ヵ所は「自死遺族のための活動」をしています。自死遺族は大きな痛みと苦悩と悔恨に身を焦がすこととなります。しかもそれが長期間続くことも少なくない。そんな人たちが集まって、互いに苦悩を語り合う会合です。基本的に自死遺族が集まる会なのですが、たまにそこへ自死願望者が紛れ込むことがあるそうです。そうすると、自死願望が解消することも起こるらしいのです。「遺された人は、これだけ苦しむのか」と痛感して、そこで自死願望を翻意するとのことです。自分のために生きるのは辛いけれど、他者のために生きることができたりする。人間というのは、一筋縄ではいかないですね。

異教の人々の集う場は、いずれも「奉仕」「贈与」「分かち合い」の態度が基盤となっていました。自分のことだけでも精一杯なのに、わが身をけずるようにして宗教の場を運営している。たとえば、大阪マスジドの扉には「〇〇で暮らすムスリムのために、マスジドが必要です。ぜひご喜捨を」といった張り紙がありました。現在、日本各地で次々と誕生しているマスジド（モスク）は、日本で暮らすムスリムが寄付を出し合うことで増えていっているのです。

分かち合うことは、人間の根源的な喜びにつながっています。分かち合うことで根を張っていく宗教のあり様は、とてもしたたかでしぶとい強さをもっています。

教育と食と死者

さて、さまざまな異教の隣人たちが共通して抱えている問題に、「次世代をどう育てるのか」があります。つまり、教育の問題や文化伝承の問題です。大半のコミュニティーにとっては、これが大きな課題であるようです。多くの異教の隣人たちは、「できれば日本で暮らしていきたい」と考えています。しかし、3世や4世の世代になってくると、自分たちの宗教的アイデンティティーや民族的アイデンティティーが崩れていく恐れがあります。日本語しか話すことができない世代も生まれてくるわけです。

そこで、できるだけ自文化や信仰を伝えていきたいとの願望をもっているのですが、そのような教育機関は日本にありません。そのためにも教会や寺院を運営して、そこを教育の場としても活用していく方策をとっているようです。あるいは、神戸の道教寺院では、「この寺院にお供えするための料理があるから、ルーツである故郷の食文化が維持されている」とのことでした。つまり、教会や寺院は行為様式や文化のアーカイブでもあるのです。

また、宗教によっては食の問題があります。イスラームに関しては、近年、ハラール・フードが話題となるほど食の問題が認識されるようになってきました。しかし、もっとマイノリティーであるジャイナ教徒などは、とても苦労しています。厳しい「不殺生戒」があるため、お魚の出汁もダメなのです。日本の食べ物の多くは禁止対象となってしまいます。

そして死者儀礼や埋葬の問題もやっかいです。土葬でなければならない宗教もありますので、日本ではとても苦労することとなります。このあたりはぜひ「神戸の外国人墓地」の項をお読みください。

宗教は「死者とどう向き合うか」という人類独自の課題を担っています。この世界はけっして生者だけのものではありません。生者は死者と共に暮らしています。死者の視線を意識し、死者の願いに耳を澄ませる行為によって、人類は心身を鍛錬してきました。人類の尊厳に関わる死者儀礼・埋葬・墓地の問題は、異教の隣人たちと共生する社会を目指すために避けて通ることはできないでしょう。

異教の隣人たちと共に

現在のところ、日本は多くの異教の隣人を受け入れるだけの制度や姿勢が整っているわけではありません。ただちに多くの人々を急激に受け入れることは困難だと思われます。

近年、ダイバーシティ（多様性）という用語が、ビジネスの領域で頻出するようになりました。ビジネスの問題のみならず、多様な価値観・信仰・ライフスタイルへの敬意と尊重の感性を養っていく必要性が高まっています。そのような土壌なしで、単に門戸だけ開いてしまうと多くの混乱や軋轢を生み出すことでしょう。そこでまずは、日本は「間口はせまいけど、いったん中へ入るととてもいい」という方向性を目指すのはどうでしょうか。そして、少しずつ間口を広げたり、せばめたりしながら、感性を育てていく方策がよいのではないでしょうか。

いずれにしても、今回のシリーズで感じたのは、異質なものが向き合うインターフェースの部分がとてもクリエイティブである、ということです。行為様式や価値観や信仰が異なる者同士が、なんとか共生するために工夫をこらしていく。それは実にクリエイティブな営みであると実感しました。

また、「では、我々自身はどのような宗教文化に依って立っているのか」といった自問自答も生まれてきます。ここを見つめ直す作業はとても重要なことでしょう。自分の立ち位置もよくわからない者が、他者の立ち位置を尊重することはできないでしょうから。

それでは個性的で多種多様な〝異教の隣人たち〟をめぐる旅、どうぞお楽しみください。いずれも短期間でささやかな接触のご紹介ではあるものの、これからの社会の在り方を模索するために必要な手がかりがいくつも潜んでおります。本書のテーマに興味をもってくださった読者であれば、きっとその手がかりをキャッチしてくださることでしょう。

この連載企画にご協力いただいたみなさま、本書成立にご尽力くださったみなさま、この場をお借りして御礼申し上げます。晶文社の安藤聡さん、今回も大変お世話になりました。いつも相談にのってくださり、ありがとうございます。

I

1　イスラム教

ご近所に溶け込む茨木モスク

２０１５年春。日本国内では、この年の始めにシリアで起きた過激派組織「イスラム国」（ＩＳ）による日本人人質殺害事件を契機に、イスラム世界への関心が急速に高まっていた。断片的かつセンセーショナルに報じられるムスリム（イスラム教徒）像は、「日本人には理解しがたい、特殊な世界観を持つ人たち」というイメージを広げていった。

実際の姿はどうなのだろう。とにかく会ってみたいと思った。時期が時期だけに各地のモスクから取材を断られるなか、「大阪茨木モスク」が快諾してくれた。大阪府茨木市の住宅街にある中古の2階建て民家を改装し、２００６年に開設されたモスクだ。近くの大阪大の留学生や研究者、その家族を中心に約１００人が通う。

礼拝の呼び声はご近所に配慮して

３月中旬の金曜礼拝を訪ねた。正午過ぎ、イマーム（指導者）のエジプト人、モフセン・シ

メッカの方向に祈りをささげるムスリムたち

ャキール・バイユーミーさん（50）が軽自動車に乗ってにこやかに現れた。続いて中東や東南アジア、欧米など多様な顔つきの人たちが、徒歩や車、自転車でぼちぼちと集まってくる。大人から小中学生、小さな子どもまで、その数30人ほど。インドネシア人の40代の夫婦と息子2人は、一家で日本旅行の途中といい、「グーグルでモスクを検索してここを見つけた」と話した。

礼拝の時間を知らせる呼び声「アザーン」は普通、モスクの拡声器から高らかに流されるが、ここでは家の前の路地に聞こえる程度の音量だ。「ご近所と折り合ってますねえ」と釈さんが感心する。敷地内に増設された洗い場で身を清め、

茨木モスクで語り合うイマームのモフセン・シャキール・バイユーミーさん（左）と釈さん

男性は1階、女性は2階に分かれて礼拝。その後はモフセンさんの講義があり、小1時間ほどでみんな職場や学校に戻っていった。

静かな昼下がり、カーペットが敷き詰められた居間の陽だまりで、釈さんとモフセンさんが向き合う。

「日本でムスリムが暮らすにあたって大変なことはありますか?」との問いに、モフセンさんは「日本人は他の宗教を尊重するので、そんなに多くはないですが」と前置きしたうえで、

「子どもにイスラムを教える教育機関がないことです」。また、ムスリムを土葬できる墓地が少ないことや、教義に沿った食材「ハラール」の入手が容易ではないことも課題という。

イマームは教義だけでなく、ムスリムが抱える個人的な問題にも指針を与える。これは食べてもいい物か否か、年賀状や職場の飲み会はお付き合いしてもいいか――。「夫婦ゲンカの相談にものるのですか?」「もちろんです。平和のために」。そばで2人の話を聞いていたオーストラリア人男性が「イマームは幅広い知識を持ち、非常に我慢強い。私たちのいろんな問いに答えてくれる」とささやいた。

「ISについてどう思われますか」。釈さんの問いかけに、モフセンさんは穏やかな表情で答えた。「ISは真のムスリムではない。彼らのことでムスリム自身が苦しんでいる」。釈さんが重ねて尋ねる。「日本社会との関わり方について改めて思うことはありますか」。モフセンさんは「ムスリムは普段通り、普通のムスリムとして行動するべきだ。周囲は私たちがやること通りに私たちを見るのだから」と語った。

タブレットに入れたコーランを読み上げて

毎週土曜は夕方から大勢のムスリムが集まると聞き、記者は翌日もお邪魔した。

午後6時15分の礼拝が始まるまでに、子ども向けの講義がある。日本人の夫を持つインドネシア人女性（41）は長男（10）と長女（6）、次男（3）を連れてきていた。長男はコーラン（クルアーン）を読み始め、長女はモフセンさんの前にちょこんと座って暗唱の練習だ。

女性によると、インドネシアの学校では週1回、宗教の時間があり、人口の9割近くを占めるムスリムはコーランを、キリスト教徒は聖書を学ぶという。「でも、日本では宗教を学ぶ機会がないので、親が教えなければならないのです」。モスクでの講義は彼女と子どもたちにとって貴重な時間だ。

地域の公立小学校や幼稚園に通う長男と長女は、給食ではなく、女性が作ったハラールの弁当を食べる。「できるだけ給食のメニュー表を見て、ハラールの食材で見た目が変わらないものを作ります」。周囲はごく自然に受け入れているようだという。だが、彼らがもう少し大きくなれば、学校の休み時間に礼拝をしたり、男女一緒の場での着替えを避けたりと、他の児童と異なる行動も増える。日本社会での振る舞い方や学校との折り合い方について、「近くに住むムスリムの母親同士で情報交換をしています」と女性はほほ笑んだ。

午後7時前、1階で男性たちがモフセンさんの講義を受けている頃、2階では女性たちがエジプト人女性のラシド・マハさん（40）を囲み、アラビア語で書かれたコーランの発音を学び始めた。女性は大人になるとイマームの講義を受けられないのだという。

日本、バングラデシュ、インドネシアなど異なる国籍の10人ほどが順番に、タブレット端末

イマームの言葉に耳を傾けるムスリムたち

イマームの前でコーランの一節を暗唱する女の子

やスマホに入れたコーランを読み上げる。「〝ヴ〟の音を強く。good！」。マハさんの歯切れのいい英語のアドバイスに、みんながうなずく。

発音のレッスンに続いて、マハさんが、コーランにどんなことが書かれているかや、どの部分をどんな時に読むかなどを解説した。その間にも、隣の部屋で遊んでいる子どもたちがバタバタと入ってきては、それぞれの母親に甘える。泣き出した赤ちゃんをあやすために出たり入ったりする女性もいる。

授業が終わると、持ち寄りの手料理（この日はチキンカレー）で夕食だ。さっきまでの真剣な空気が一転、あちこちでキャッキャと「女子会」の輪ができた。

アジアの非イスラム圏からの女子留学生（27）は「ここで、1週間にあったことをみんなと話すのが楽しい。心の中の悪いことを全部忘れてしまう」。ムスリム同士、ひざを突き合わせて話ができるのがうれしい、と声を弾ませた。

この日モスクに来ていた日本人女性は2人。3年ほど前に改宗したという女性（32）は「スカーフを身に着けていると、大阪の人は上から下までジロジロ見ますね。京都や神戸ではそんなことないんだけど」。ムスリム向けの服は海外の通販サイトで入手するという。

大学生の浦久美子さん（24）は、イスラムに興味を持ち、家から近い茨木モスクに半年ほど通い詰めて、自分なりに納得してから改宗した。突然のことで家族は驚いたという。「ここには癒やされに来ています。言葉も人種も関係なく、イスラムというくくりで平等だから、心が安らぐんです」とさらりと言った。

みんなごく普通の人たち

正直言って、モスクを訪れる前はかなり身構えていた。だが、ここで出会ったのはごく普通の人たちだった。取材にはにかんだり、ファッションの話に身を乗り出したり、走り回る子どもをしかりつけたり――。私たちと同じ「当たり前の日々」を暮らす彼ら彼女らはまた、当たり前のように信仰を大事にしている。その部分だけを取り出して差異を言い立てることに、どれほどの意味があるだろう。

取材から時間を経た今、ありありと思い出すのは、ごちそうになったチキンカレーがおいしかったことや、女子会の心地良さだ。モスクで私は自分が「異教徒」であることを忘れていた。それは、出会ったムスリムたちが私を「人」として受け入れてくれたからだと、改めて気付いた。（中本泰代）

釈の眼　イスラーム

宗教が土着していくには長い年月が必要である。そのため、なじみのない宗教や新しい宗教は、社会と折り合う点を模索しながら、時にはせめぎ合いながら、根を張っていく。また、その折り合いやせめぎ合いの中から、ユニークな文化も生じる。総論でも述べたように、異質と異質のインターフェース部分では、とても創造性豊かな化学反応が起こるのだ。

さて、「異教の隣人」シリーズの記念すべき第1回は、大阪茨木モスクである。イスラーム（イスラム教）の礼拝所である「モスク」は英語的な発音で、アラビア語では「マスジド」となる。現在、日本各所で多くのマスジドが生まれている。

イスラームの教えの根幹部分は、とてもシンプルだ。神への信仰を中軸として、預言者ムハンマドや聖典『クルアーン』を信じ、信仰告白・礼拝・断食などの儀礼的行為を実践する。イスラーム法学者（ウラマー）や、モスクの導師（イマーム）はいるが、特定の聖職者はいない。それぞれのムスリム（イスラム教徒）は、どこかの教会に所属しているわけでもなく、ひとりひとりが神と自分との関係において信仰と実践の人生を歩むのである。イスラームはいずれキリスト教人口を上回り、世界最大の宗教になるだろうと言われている。

ここ、茨木モスクにはいくつかの特性がある。ひとつは「大阪大学の留学生のため」という面が大きいこと。ムスリムはどこで暮らすにしても近辺にモスクが必要となる。これは日本へやって来る留学生ムスリムにとって重要な問題である。茨木モスクはその役割を果たしている。その意味において、茨木モスクは国際交流の場でもあり、子どもを育てている留学生にとっては子どもがイスラームの教えや感性を肌感覚で身につけるために必要な場でもある。

またここは、共生・人権・マイノリティーなどの問題に取り組んでいる人たちとの交流が盛んだ。これも特徴的な点である。比較的オープンに対話しようとする姿勢がある。近隣とのつき合いにも取り組んでおり、それをサポートする非ムスリムのグループもある。そのあたりは現在このモスクのイマームをつとめているモフセン・シャキール・バイユーミー氏の人柄もあるかもしれない。

茨木モスクは、元々その地域にあった家を活用している。これも注目すべきポイントだろう。概観も普通の民家そのままである。新しく建設された施設を使う場合に比べて、地域での違和感が少ない。近隣との心理的距離が近い。そのような印象を受けた。

2 ジャイナ教

非暴力・不殺生を説く2500年の歴史を持つ宗教

インドで仏教と同時代に生まれた宗教がある。アヒンサー（非暴力、不殺生）を説くジャイナ教だ。日本であまりなじみのない宗教だが、約１０００人のインド人が暮らす港町・神戸にはジャイナ教徒のコミュニティーがある。北野の異人館街にある国内唯一のジャイナ教寺院「バグワン・マハビール・スワミ・ジェイン寺院」を訪ねた。

午前9時。お香の香りが立ちこめる礼拝所内にマントラ（真言）が響き渡る。唱えているのは白い布に身を包み、祭壇から少し離れたところであぐらをかいて座る一人の男性だ。小さな机の上に書物を広げ、体を前後に揺らしながら聞き慣れない言葉でお経を読み上げている。「マントラを唱えるのは仏教もヒンドゥー教も同じですね」と釈さん。子どもから大人まで、色とりどりの服装に彩られた約30人がその声に聴き入っている。

礼拝所内は豪華なシャンデリアの光で明るく照らし出され、まるで非日常の世界へタイムスリップしたかのようだ。飾り付けられた正面の祭壇には開祖マハーヴィーラの像。果物や米な

白大理石造りのバグワン・マハビール・スワミ・ジェイン寺院

どのお供え物が並び、スカーフのようなもので口を覆った信徒たちが熱心に祈りを捧げている。「今日は特別な日です」と同寺院会長のディパーク・ジャベリさん（57）。「お寺や自分の心を清めるために5年ぶりに行う大切な儀式。お祈りに集中したい」。話を聞くのは後日に改めることにした。

戒律は多いが実践は心次第

寺は白大理石造の3階建て。飲食店や住宅が立ち並ぶ並ぶ北野坂を上がると、ふいに白亜の建物が姿を現す。入り口には「寺院内での喫煙、飲食は御遠慮下さい」などと日本語で書かれた看板が設置されている。柱や壁にはそこかしこに繊

寺院に集うジャイナ教徒。左奥に座っているのがカジャル・マジーさん

信徒の多くがスカーフのようなもので口を覆っていた

細な彫刻が施され、荘厳な雰囲気を漂わせている。1985年、地元のジャイナ教徒たちの出資で完成したこの建物は、95年の阪神大震災の際には地域の避難所にもなったという。礼拝所は最上階にあり、近隣に住むインド人の家族ら約40組がほぼ毎日、好きな時間に訪れて参拝している。

2日後、寺でジャベリさんと理事のラジェン・カラニさん(49)と待ち合わせた。祈りの場での決まり事を尋ねると、「神様に輝くものを差し出すためにお供え物は銀色の紙で包む」「マントラを唱えている男性は神様と対話しているので、その前を横切ってはならない」などと教えてくれた。先の儀式では信徒たちが金属製の円筒の台座に安置された小さな像に次々と水をかける場面があった。「神様が生まれた時の様子を表し、その誕生を祝福するためです」とカラニさん。仏教ではお釈迦様の誕生を祝う「花まつり」で甘茶をかける儀式が知られているが、それとよく似ている。

在家信者の戒律は、飲酒や夜食の制限など数多くあるが、実践の仕方は個人の心次第という。お祈りの時間は各自で異なり、内容もスタイルも本来は決まりがあるが絶対ではないのだとか。「私は月に10日間は果物を食べないと決めている」とジャベリさん。「シンプルに生きるためにできるだけの努力をするのがベスト」と語る。戒律があり、厳格なイメージの強いジャイナ教だが、同時に寛容さも持ち合わせているのだ。「一人ひとりの気持ちが一番大事」とジャベリさんは言う。

信徒はみな厳格なベジタリアン

2人はともに真珠業者として生計を立てている。1960年代、真珠の仕入れを目的にインドから多くの家族が神戸に移り住んだ。インド生まれのジャベリさんは80年に来日し、息子夫婦と孫との5人暮らし。カラニさんは神戸出身の3代目で日本語も流ちょうに話す。

「日本の暮らしで困ることはありますか?」。釈さんの質問に2人は「食べ物」と声をそろえた。ジャイナ教は殺生を禁じるため、信徒たちはみな厳格なベジタリアンだ。肉や魚、卵を一切食べない。「ベジタリアン用のスープがカツオだしだったこともありました。日本ではベジタリアンがなかなか理解されない」と苦笑いするカラニさん。「虫も殺してはだめ?」と釈さんが尋ねると、「はい。虫を踏まないように歩いたり、宗派によっては微生物を吸わないよう布で口を覆ったりします」。信徒たちの多くが宝石商に従事するのも、それが殺生に直接関わらないためだという。

ジャイナ教は約2500年の歴史を持つが、宗教間の争いとは無縁だ。他の宗教と異なり、積極的な布教もしない。「私たちの宗教の基本は、誰かの心も肉体も傷つけないこと。みんなで助け合って生きていきます」とジャベリさん。信仰を巡る対立がますます深まり、戦争の絶え

ディパーク・ジャベリさん（左）、ラジェン・カラニさん（中央）と話す釈さん

ない現代社会で、このシンプルなメッセージはストレートに胸に響く。「徹底したアヒンサーの教えは今の時代、注目すべき点が多いですね」と釈さんはうなずいた。

理想はサードゥ（出家僧）として生きること

カラニさんによると、ジャイナ教徒にとっての理想は出家僧であるサードゥとして生きることだそうだ。しかしそう簡単にはなれない。「サードゥはお金も持ち物もない。体に巻く白い布、それだけ。電気も乗り物も使いません」。当然、遠くインドから飛行機に乗り、この寺に招くこともできない。２日前、マントラを唱えていたカジャル・マジーさん（39）はサードゥではないが勉強熱心なジャイナ教徒で、サンスクリット語の聖典も読める。住み込みで寺を世話するため、前任者と交代で2014年に来日した。儀式の準備などで忙しい時は近隣に住む信徒たちから食事の差し入れがあるという。

話題は教育の問題にも及んだ。子どもが生まれ、新しい世代は増えつつある。残念ながらこの国の学校でジャイナ教を学ぶことはできないが、「大切なのはアートマン（魂）」とジャベリさん。自身は毎年夏にインドへ行き、サードゥの教えを聞いて勉強している。日本では毎日のように孫を連れて寺へ通い、自宅の部屋でもお祈りを欠かすことはないという。神戸でジャイナ教の家庭に生まれた子は、カジャルさんらが守るこの寺に通い、思い思いに信仰を実践する大人たちの姿を見て成長する。そうして大切な教えが受け継がれていく。

2人は「ジャイナ教徒に生まれて良かったという思いは強い」と胸を張る。「過去のこと、現在のこと、そして未来のこと、神様は全部分かっている。何をしたらだめなのか、細かいところまで教えてくれる。神様は私のことをすごく考えてくれている」とカラニさん。長い人生で様々な迷いに立ち止まることは誰しもあるが、すぐそばにいる「神様」の存在は生きていく上で大切な指針でもあるのだ。救いは日常から遠く離れたところにあるのではなく、日々の実践の積み重ねの中にあるのかもしれないと、この時強く感じた。

戒律はあるが強制はしない。個々の自発性を大切にしながらコミュニティーの絆はより強く、深くなっていくのだろう。日本で暮らすジャイナ教徒たちの精神的支柱にもなっているこの寺で2人の話を聞きながら、世代を超える祈りの場が異国の地で根付いている理由に触れたように思えた。（清水有香）

★ジャイナ教……カースト制を否定し、紀元前6～5世紀にインドで生まれた。マハーヴィーラ（偉大な勇者の意）を事実上の開祖とし、業（カルマン）の消滅と魂（アートマン）の解放を説く。出家者は不殺生・非暴力／ウソをつかない／盗みをしない／貞潔／非所有――の戒律を遵守する。インド以外にはほとんど伝わらず、信徒数はインド人口のわずか0・4％（約400万人）とされる。日本では神戸以外に、東京に推定100～200人のジャイナ教徒がいる。

釈の眼　ジャイナ教

ジャイナ教とは、古代のインドで成立した宗教で、「アヒンサー（生きものを傷つけないこと）」を倫理の軸にしていることで知られている。行為がカルマン（業）となって輪廻に影響をおよぼすという信仰を基盤としているからである。アヒンサーを厳格に実践するため、出家者（サードゥ）は禁欲的な生活をしているが、一般の在家信徒もできる限り生きものを傷つけない暮らしを目指す。そのため、信徒たちの職業も必然的に金融関係や商業関係に集中することとなっている。農業や漁業などは、虫や魚を殺してしまうのでダメなのである。信仰の中心はジナ（勝利者）と呼ばれる過去の祖師たちとなる。ジャイナ教とは、「ジナの教え」を意味する。

神戸のジャイナ教コミュニティーは、前回の茨木モスク（イスラム教）とは異なる様相であった。茨木モスクに集う人々は、留学生や旅行者など流動的な部分がある。しかし神戸のジャイナ教寺院は、メンバーシップの信仰共同体といった特徴をもっている。ジャイナ教をバインド（絆）とした家族群が、３世代・４世代にわたって神戸で暮らしているのだ。ジェイン寺院という場を共有し、みんなで運営している。この場があることで、自分たちの信仰様式を継続することができる。

神戸のジャイナ教徒たちは、真面目に寺院での儀礼を行い、輪廻の生命観について、解脱について語ってくれた。ある年配の人物は、「いつか出家したいという希望をもって生きているのだが、どうも今回の人生では無理らしい」と言う。「でも、いいんだ、次の生でも。出家したい。だから今生ではできるだけ教えに沿うように生きる」とのことであった。まさに、信仰に裏打ちされた人生観や生命観だ。

今日、ジャイナ教が盛んな地域は、グジャラート州やマハーラーシュトラ州などインド西部である。2500年以上の伝統をもつ宗教であるが、サードゥは乗り物に乗らないといった事情もあって、特定の範囲以上に拡大しにくい。それだけに、ヒンドゥー文化圏における古い宗教の姿を保っている。出家の形態を理想とし、輪廻や解脱の教えを明瞭に説く。日本型に変形した仏教の中にいる私にとって、今回の対話はインド系宗教の原型を見た思いであった。

3 ユダヤ教

神戸のシナゴーグ 安息日の祈り

世界最古の宗教の一つとされるユダヤ教。日本ではなじみ深いとは言い難いが、神戸・北野の異人館街には約80年の歴史を持つ「関西ユダヤ教団」のシナゴーグ（礼拝所）がある。ユダヤ教で生活の中心となる安息日（シャバット）の祈りを見せてもらおうと、釈徹宗さんとシナゴーグを訪れた。

一切の仕事をせず祈りを捧げる日

シャバットは世界を作った神が休息したとされる一週間の第7日で、毎週金曜日の日没から土曜日の日没までに当たる。ユダヤ教徒たちはその間、一切の仕事をせず静かに祈りをささげる。「仕事」には車の運転や料理はもちろん、携帯電話やペンの使用、写真撮影も含むと考える人が多い。

2015年7月初旬の金曜日。釈さんの友人でシナゴーグに通っているマイケル・フォックス・兵庫大短期大学部准教授（58）の案内で現地を訪れた。白いアーチが連なったような不思議な形の建物だ。ユダヤ民族を象徴する「ダビデの星」が掲げられた扉から建物内に入ると、内部は100人ほどが入れそうな広い食堂と、礼拝するための会堂に分かれている。「お祈りの時は、できればこれをかぶってください」。フォックスさんが、入り口付近のかごに入れられた小さな布の円盤を頭に乗せた。「キッパー」という帽子のようなもので、頭部を隠し神に敬意を示す意味があるという。神前や仏前で脱帽する多くの日本人とは逆の感覚だ。

部屋の入り口などに取り付けられているメズザ

フォックスさんは建物や部屋に入る際、近くの柱にそっと触れている。よく見ると小さな棒状の筒が少し斜めに取り付けられていた。「メズザといいます。部屋に入る度にここに触れ、祈るのです」と教えてくれた。

祈りと食事を分かち合う場

祈りの場となる会堂は左右に椅子の席が並ぶ空間。さらに後方には観客席のようにパーティションで仕切られた場所があり、ここは女性用のスペースだという。天井には色とりどりのシャンデリアがつり下げられている。

正面の中央が舞台のように少し高くなっており、奥には石でできた門のようなものがある。閉じられたカーテンの向こうには、聖書の巻物が収められているらしい。その上を見上げると、モーセで有名な「十戒」が書かれた2枚の石板が掲げられていた。片方だけが新しいのは「阪神大震災で落下して粉々になり、新調したから」だという。左右に日の丸、イスラエルの国旗が並んで掲げられているのを見て、日本を大切に思ってくれていることをうれしく感じた。

シャバットが始まる日没の前に、釈さんと共にラビ（導師）のビシェスキー・シュムエルさんに話を聞いた。黒い帽子に長いひげ。なんとも言えない貫禄だったが、年齢を聞くと30歳と記者よりも若かった。「神戸での生活はいかがですか」と聞くと、「夢のようで理想的」とうれ

シナゴーグの会堂。シャバットが始まると撮影できないため、事前に礼拝を再現してもらった

シナゴーグで談笑する（左から）釈さん、ビシェスキー・シュムエルさん、マイケル・フォックスさん

しそうに話す。理由を問うと「街がきれいだし、人々がとても親切。それに反ユダヤ主義の人がほとんどいないから」。世界には反ユダヤ主義が根強い場所も多い。日本人は関心が薄いだけかもしれないが、確かにユダヤ人に反発する感情は強くはないと言える。その点をとても重視しているらしいことに、苦難の歴史を歩んできたユダヤ教徒の思いの一端を見る気がした。

日本の生活で困ることについては「食事」と答えた。ユダヤ教では、豚肉や水生生物の中でひれとうろこがない生物（エビやタコなど）は食べない、肉と乳製品を一緒に食べないなど、食に関する細かなルールがある。牛肉も決められた方法で処理されたものしか食べられないため、日本で入手するのは大変なのだそうだ。また、子どもにユダヤ教の教育をする場が少ないことも悩ましいという。「でも、そういったことは小さな問題。大きな問題はありませんよ」とにっこり。「このシナゴーグにはユダヤ教徒だけでなく、悩みを抱えた人や食べ物が欲しいだけの人も来ます。しかしどんな人でも、できるだけ助けたいと思うのです」。ラビの笑顔に、ユダヤ教への厳格なイメージが少し和らいだ。

シナゴーグの建物に隣接してラビが住む家がある。家に入れてもらい、シャバットの始まりの祈りを見せてもらった。日没が迫る午後7時前、ろうそくに火をともし、家族たちと共に厳かに祈り始めた。取材とはいえ、写真撮影やメモなどの「仕事」をすると彼らを不快な気分にさせてしまうかもしれない。最後に1枚だけ撮影を許してもらい、後は記憶で補うことにした。

メンバーが絆を深める大切な機会

シナゴーグに戻ると、人が集まり始めていた。メンバーの多くは日本在住のイスラエル人で、大阪や京都から来る人もいる。午後7時20分ごろ、10人ほどが会堂に集まった。後方の女性用の席にも数人が座っている。ラビを中心に、聖書の一部に節を付けて唱え継ぐ。その声は大きくなったり小さくなったり、寂しげだったり勇ましかったり。全員で声を合わせ、高らかに歌う場面もある。ヘブライ語で内容はまったく分からないが、ドラマ性を感じる。リズムとメロ

ユダヤ教徒の家ではシャバット前、ろうそくをともす。シナゴーグ近くのシュムエルさんのお宅でその様子を見せてもらった

ディーがどこか心地よい。祈りの最初から参加する必要はないらしく、遅れて入ってくる人も多い。30分ほどして見回すと、参加者は倍ほどに増えていた。

1時間ほどで礼拝は終わり、その後は全員で食卓を囲む。ラビが中心となり、宗教的に大事な意味があるブドウ酒とパンが登場。祈りの言葉が唱えられ、やがて大皿の料理が机に並べられる。各自で取り分けていただく料理は野菜やチキン、魚などが中心で、味付けは日本人でも親しみやすい。ビールや焼酎を飲んでいる人もおり、みんな実に楽しそうだ。突然立ち上がって信仰に関してスピーチする人もいる。こうしてメンバーが絆を深める大切な機会となっているのだ。

私の隣に座っていたのは米国人のアイザックさん（36）。周りと溶け込んでいたので長年通っているのかと思ったが、話してみると驚いたことに「たまたま関西に来る用があり、ここに来るのは今日が初めて」という。ユダヤ教という共通項が、世界のどこでもすぐに打ち解けるきっかけとなるのだろう。

宗教というよりウェイ・オブ・ライフ

土曜の午前中にも祈りの時間があると聞き、翌朝再びシナゴーグを訪れた。昨夜会ったアイザックさんもいる。この日の礼拝では会堂正面奥の扉から聖書の巻物が取り出され、堂内をめぐる。しかし厳粛なだけではなく、どこか明るい。日本のお祭りでおみこしが担がれる光景を思い出した。また、堂内では自由に歩き回る人や、終わり間際になってからやって来る人、かくれんぼをする子どももいる。見学者らしき日本人が入ってきても、メンバーが手招きして会堂へ導いてくれる。

このおおらかさはどこから来るのだろうか。イスラエル人のハガイ・ブルメンタルさん（38）が話していた言葉に、そのヒントがあると感じた。「ユダヤ教は宗教というより、ウェイ・オブ・ライフだと思う」。きっとユダヤ教では、神様と同じように、彼らそれぞれの生き方そのものがとても大切なのだろう。そんな誇りを持って自分の人生を生きる仲間たちだからこそ、深く結びつきながらも、互いの個性にとやかく口出しすることなく尊重し合えるのだ。はるか古代から脈々と続いてきた信仰の力強さを見た気がした。（花澤茂人）

★ユダヤ教……紀元前20世紀ごろに原形が成立したとされるユダヤ人の民族宗教。唯一神ヤハウェを信仰。聖典はヘブライ語聖書（旧約聖書）で「出《しゅつ》エジプト」の際に預言者モーセが神から授かった「安息日を守る」「殺してはならない」などの十戒を大切にする。キリスト教やイスラム教はユダヤ教から誕生した。文化庁によると、現在国内にあるユダヤ教の宗教法人は「日本ユダヤ教団」（東京都渋谷区）と「関西ユダヤ教団」（神戸市中央区）の二つ。

釈の眼　ユダヤ教

今回は神戸にあるシナゴーグ訪問である。シナゴーグはユダヤ教の礼拝施設だ。ユダヤ教徒にとっては、集会所的な性格ももっている。以前にもマイケル・フォックス氏に連れられて、ここのシャバット（安息日）に参加したことがある。フォックス氏は以前勤務していた大学の同僚である。彼は実に大らかでユニークな人物で、自称「なんちゃってユダヤ教徒」である。仏教にも詳しく、仏教経典も読誦する。そして冤罪事件などの社会問題にも懸命に取り組むような人だ。今回も彼が案内役を担当してくれた。

日本とユダヤ教徒たちとの関係は、横浜や長崎や神戸といった外国人在留地において始まったとされる。第二次世界大戦以前は、神戸では40家族ほどのユダヤ人コミュニティーがあったらしいが、その多くは戦時中に中国などへ移動したと聞く。たとえば、手塚治虫の『アドルフに告ぐ』では神戸におけるユダヤ人家族の様子も描かれている（この漫画の主たる舞台は神戸のユダヤ教徒コミュニティーで、第二次世界大戦前から現代のイスラエル・パレスチナ問題まで取り扱った名作）。

数年前にこのシナゴーグを訪れた際に会ったラビは年配の人であったが、現在ラビを勤めているシュムエル氏はまだ30歳の若者である。「ここをさらにより良い場にしていきたい」との熱意をもった人物だ。シュムエル氏によれば、ラビの間でも日本の神戸は評価が高く、着任先としては人気の場所だそうである。その一番の理由は（本文にも述べられているが）「反ユダヤ主義者がいないから」とのことであった。それに、神戸にはユダヤ教徒用の墓地がある。埋葬地があることとの安心感も理由のひとつだ。

ユダヤ教は特定の行為様式を大切にするところに大きな特徴がある。よく知られている「安息日」や「食の規範」や「男児の割礼」なども代表的な行為様式だ。世界各地に拡散しながらもユダヤ民族が自身の枠組みを維持することができたのは、ユダヤ教の行為様式があったからである。どこで暮らしてもユダヤ教の様式を守ることで、ユダヤ民族として生き抜けるのだ。日常生活の中で明確な様式があるところに、ユダヤ教コミュニティーの力強さの秘密がある。同じ行為を共有するつながりの強さ。シャバットに参加するたび、そのことを実感する。

ところで、（これも本文にあるが）神戸のシナゴーグに掲げられた「十戒」の石版には、阪神淡路大震災によるヒビが入っている。ここもあの大災害をくぐり抜けてきたのだ。そう思うと、わずかではあるが異教の隣人たちとの心理的な距離は縮まるのである。

ユダヤ教の安息日に入る前の礼拝に行きました

細川貂々

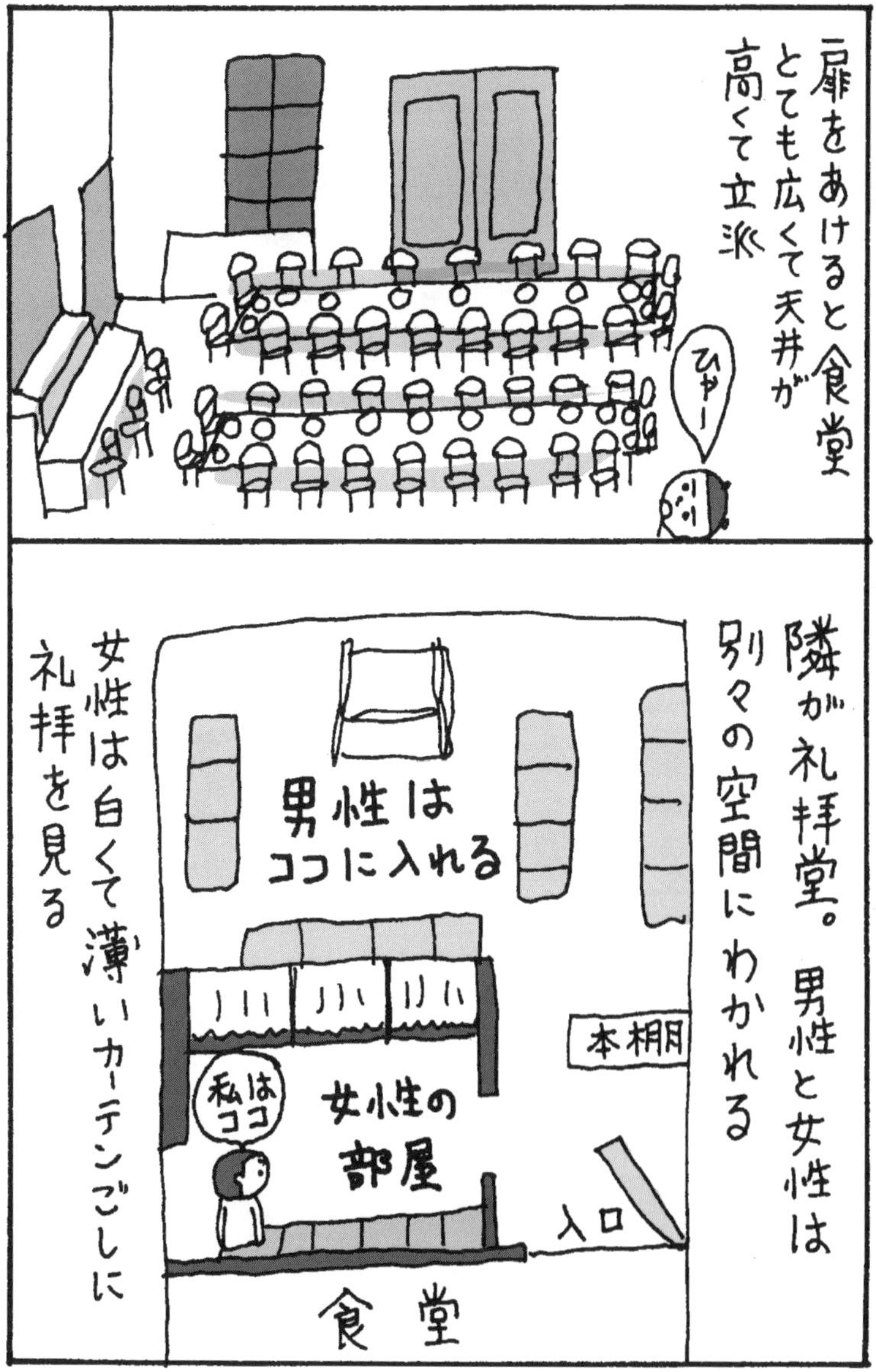
扉をあけると食堂
とても広くて天井が
高くて立派
ひゃー
隣が礼拝堂。男性と女性は
別々の空間にわかれる
女性は白くて薄いカーテンごしに
礼拝を見る
男性は
ココに入れる
本棚
私は
ココ
女性の
部屋
入口
食堂

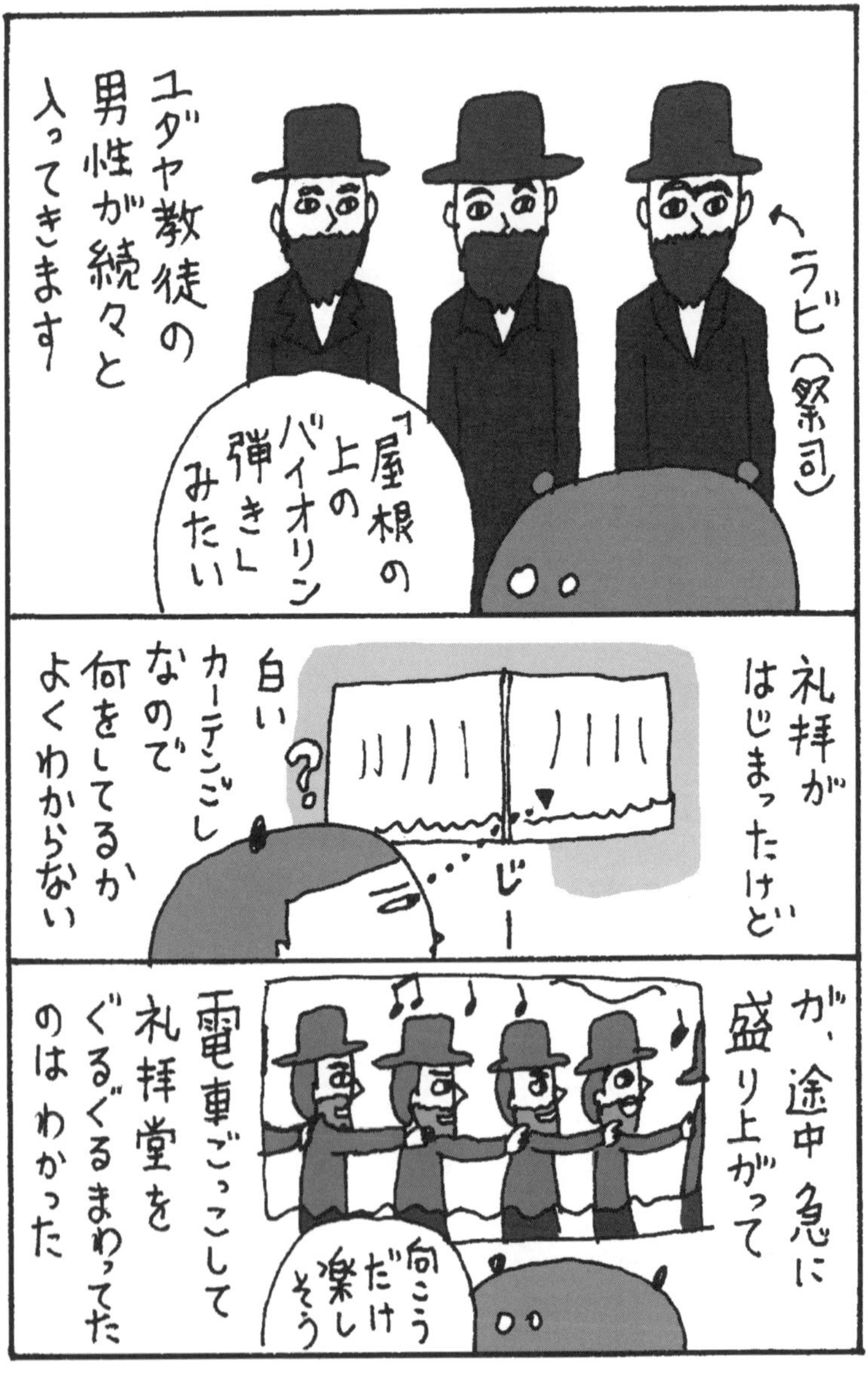
ユダヤ教徒の男性が続々と入ってきます
ラビ（祭司）
「屋根の上のバイオリン弾き」みたい
礼拝がはじまったけど
白いカーテンごしなので何をしてるかよくわからない
じーー
が、途中急に盛り上がって
電車ごっこして礼拝堂をぐるぐるまわってたのはわかった
向こうだけ楽しそう

礼拝が終わると食事
すでに食器が用意されている
安息日に入るとユダヤ教徒は働けないので元気な中国人が料理をしてくれます
パンー
とってもごうかでビックリおいしかったです
その場で焼いてるパン
カボチャスープ
キュウリトマトサラダ
マカロニサラダ
焼きナス
コールスローサラダ
ニンジンサラダ
ゴマと豆ペースト
サケの野菜むし
ゴハン
ウレシー
サナ
豚肉やエビ、タコ、イカなどは食べないそうです

4 台湾仏教

北京語が飛び交う兵庫・宝塚の寺院

台湾仏教は日本の仏教と同じ大乗仏教に分類される。だが、出家者が守る戒律や活動面などで大きく異なっている。海を介して間近に接している日本で、台湾の仏教はどのような姿で息づいているのか。

兵庫県宝塚市。台湾仏教の寺院「臨済宗　大阪佛光山寺」は、閑静な住宅街に建つ。阪急宝塚線の清荒神駅から清荒神・清澄寺の参道を右にそれ、急な坂道を上ってさらに進むと、ドンドンという太鼓、チーンと鳴らす鈴の音に乗って、歌うような読経が聞こえてきた。２階の「大雄宝殿」（本堂）の窓から、週末恒例の法会《ほうえ》の様子が伝わってくる。

聞き慣れた般若心経とは違う印象

入り口横の優雅な観音菩薩像に迎えられ宝殿へ進むと、本尊の薬師如来像を前に、マイクを

法師（中央）に導かれ、お経を唱えながら歩く信者たち

持った「法師」と呼ばれる僧侶と信者約30人がお経を上げていた。信者は拝墊《はいじゅく》と呼ばれる、本尊側にやや高く傾斜した台に腰掛けたり、膝を立てたり、経本を置いたり、三拝したり、めまぐるしく姿勢を変えて祈りを捧げる（台はフカフカしていて座り心地がいい）。黒の法衣「海青《ハイチェン》」に身を包んだ在家信者らは、時に法師に続いて堂内を練り歩く。日ごろの感謝の気持ちを釈迦に伝える法会だという。

取材中、在家信者らで作る「国際佛光会大阪協会」会長の松田振興さん（45）が「今唱えているのは、般若心経ですよ」と教えてくれた。聞き慣れた般若心経とは全く印象が違う北京語の抑揚とリズムが新鮮に響く。

法会は約2時間半。読んでいるお経は「臨済宗」と同じという。だが、リズミカルな読経と太鼓の音、参加者の活発な動き。同じ大乗仏教でも、国・言語によって儀礼の表情がこれほど異なることに驚きを覚えた。実に活気がある。

午後には法華経の「妙音菩薩」についての講義があった。この寺の元法師が講師となり、「人間の小ささに気づけば、自分の心が大きく変わってくる」などと説く。北京語のなかに、大事な部分のみ日本語が混じる。子どもを含めた在家信者ら約50人が真剣な表情で耳を傾けた。活発な質問もあり、しばしば笑いが起こる。法師の話術が巧みで、みな楽しそうだ。大阪佛光山寺は他に中国語や太極拳、お茶の講座も開いている。

尼僧の活躍が目立つのが特徴

法会や講義への参加者の年齢は小学生から60、70代まで。京阪神に居住し、台湾にルーツを持つ信者が多く集う。特筆すべきは女性の多さで、この日も法会には男性は2人のみ。大阪佛光山寺の法師4人も全員女性だ。

「台湾仏教は尼僧さんが活躍しているのが特徴ですね」。寺の応接室で、釈徹宗さんが副住職の釈永倫《えいりん》さん(58)に問いかける。永倫さんは、流ちょうな日本語で「この40年で尼さんの姿が増えました。私が高校生のころは、台湾ではあまり尼さんの姿はみかけなかったんですよ」

法華経の『妙音菩薩品』についての講義を受ける信者

と答えた。永倫さんは高校時代、カトリックのシスターの姿にあこがれ、その人生観に興味を持った。結果的に、カトリックより仏門のほうに縁があり、佛光山で仏学を学んだ。

釈さんは「儒教は結婚して子どもをもうけるのが正しいといいます。台湾では出家したほうが、世の中の役に立つことができると考える女性が多いんでしょうか」と聞いた。「そうですね。中国からの伝統的な考えでは、男性は家業や社会、国を継いでいく必要があります」と永倫さん。さらに「今、家庭を持つと、全身全霊、仏道の道に打ち込むことは難しいですから」と続けた。釈さんは「仕事や家庭を持ちながらでは仏道を歩むのは難しいので、出家は一つの生き方、ライフスタイルのようにあるのですね」と話した。

宗派の考え方は強くない

「佛光山」の総本山は、台湾南部の高雄にある。1967年、中国・江蘇省出身の星雲大師(87)が開いた台湾最大の仏教団体の一つだ。世界各地に約200の寺院・別院を持ち、信者数は300万人を超える。総本山の宗教施設は広大かつ大規模で、観光コースに組み込まれるほど。仏教の研究、教育活動にも力を入れ、大学や研究機関も擁している。

日本国内には計6ヵ所の別院があり、大阪佛光山寺は94年、当初は民家を改築して設立した。現在の敷地面積は約1500坪。それまでは、新大阪のマンションの一室を別院としていたという。2001年に兵庫県から宗教法人の資格を得た。信者の葬儀も行っている。「臨済宗」と名についているが、台湾では日本のような宗派という考え方は強くない。

本山から派遣されている永倫さんは、台湾と行き来しながら、のべ13年、日本各地で従事してきた。東京をはじめ、名古屋や沖縄に勤務し、大阪は4年目。「庶民的で住みやすい」と大阪の印象を話す。釈さんが日本で暮らす不便さを尋ねると、「精進料理のレストランや食材を売るスーパーが少ないですね」という答えが返ってきた。

ガソリンスタンドであり、学校であり、デパートでもある

ほぼ1日、寺に滞在した記者は精進料理の昼食と夕食をいただいた。昼食はバイキング形式だった。高野豆腐や汁なしビーフン、椎茸、キュウリの漬け物にご飯、デザートのスイカ。スープのだしは、「かつお」や「いりこ」ではなく「こんぶ」を使っている。戒律により、肉や魚、魚介類、ネギ、ニンニクを口にしてはいけない。夜は、ビーフンの入ったスープを取材中の別室まで持ってきてくれた。料理は信者がボランティアで作る。中華レストランのコックもおり、とてもおいしい。

北京語が飛び交う食堂は、わきあいあいとして、にぎやかだ。台南生まれで大阪市在住の張《あみ》元《もと》永津子さん（56）は、「ここに来ると、心が浄化されて安らぐことができます。みなさんに助けられて、初めて仏教に触れた気がする。週末がいつも楽しみで、前の晩は眠ることができないほどなんです」とにこやかに話す。張元さんは他に「ルーツの血が騒ぎます」「仏教の教えにのっとり、自然にボランティアの精神が身についています」と語った。

また、大阪市内でレストランを経営する林燕珠《リンエンツー》さん（62）は「北京語で、仏教のことを話せるので、落ち着きます。心を洗うことができる」と話した上で、「外国にいると生活が難しいときがあります。困っているときに、お互い助け合うことができる」と寺の重要性を強調した。林さんは台湾出身の友人をよくこの寺に連れてくるという。

釈永倫さんは言う。「お寺はガソリンスタンドであり、学校であり、デパートです。自分に必要なもの、生活に必要なもの、落ち込んだり悩んだり、自信をなくしているときに、車で言えばガソリンがなくなったときにガソリンスタンドへ行く。お寺は僧侶のものではなく、みんなのもの。僧侶は世話役です。ここで一番偉いのはお釈迦さんなんです」

仏教の教えに触れながら、寺に集った者同士、異国で暮らす困難・日常生活の厳しさを共有し、ひととき、疲れた心を休めていく。ここに来れば明るい「台湾」がある。交流の場であり、

昼食はバイキング形式の精進料理だった

アイデンティティーを確認する場所でもある。実生活に根ざした「信仰の場」の役割を強く感じた。（棚部秀行）

★台湾仏教……インドで発祥した仏教が17世紀半ば、中国大陸から伝わったとされる。日本統治時代を経て、第二次世界大戦後は、共産主義革命の中国を逃れた仏教関係者によって発展を遂げた。１９６０年代以降、慈善運動や社会教育、国際貢献に熱心に取り組む改革的な団体が台頭。世界各地の災害現場では、報道などを通じて各団体のボランティア精神の一端を目にすることができる。台湾では仏教、道教、キリスト教などが主流を占め、全人口の約35％が仏教徒という報告例がある。尼僧が多いのも特色で、中国的な家父長制度の下では、男性は出家しづらいなどの理由が挙げられる。戦後にスタートした佛光山寺、中台禅寺、慈済会、法鼓山などの活動が知られる。

釈の眼　台湾仏教

この「異教の隣人」は、まだまだなじみが薄い外来の伝統的宗教教団を取り上げて、「日本社会の中で信仰を保ち続けるには、どのような苦労があるのか」「その苦労を上回る信仰の喜びとは何か」などといった部分を探っていくシリーズである。今回は台湾仏教の佛光山へ訪れた。台湾仏教の出家者は、基本的に職業をもたず、家庭をもたず、肉食を避けて暮らしている。日本仏教の僧侶との相違である（もちろん日本の方が特殊なのである）。そのため、日本での生活はやはり食で苦労するようだ。基本的に出家者は精進料理を食するので、厳密に言えばかつおだしや煮干しだしなどもダメである。台湾では街の中で精進料理レストランがあるので便利らしい。精進料理レストランも、西洋料理から中華料理まで各種あるとのことだ。この件に関しては、多くの「異教の隣人」が同様の意見を語る。

それだけでなく、台湾仏教と日本仏教とを比較した場合、もっとも目につくのは尼僧の活躍ぶりである。台湾仏教では、男性僧侶よりも女性僧侶のほうが多い。尼僧さんたちは実にアクティブである。仏道に邁進し、社会活動にも積極的だ。

大阪佛光山寺の副住職・釈永倫さんによれば、ここ40年ほどで急に尼僧が増えたそうである。「なぜ尼僧さんが多いのでしょうか?」の問いに、永倫さんは「台湾の女性はとてもパワフルだからかもしれない」と語ってくれた。

台湾仏教の社会活動は東日本大震災でも積極的な活動を展開したことで知られる慈済基金会をはじめ、今回の佛光山、そして中台山や法鼓山や霊鷲山を含めて五座山と呼ばれている。このような台湾での大乗仏教系教団の発展は、第二次世界大戦後の経済成長とリンクしているようである。

一方、日本仏教を振り返ってみれば、「絶滅寸前」（鵜飼秀徳『寺院消滅』日経BP社）との評さえある。少なくとも多くの寺院が次第に立ち行かなくなっているのは事実である。これまで大半の日本仏教寺院は、地域共同体を基盤として運営されてきた。基盤である地域共同体が変容すれば、好むと好まざるとに関わらず、日本仏教寺院は変わらざるを得ない。まさに今、日本の伝統仏教は転換期を迎えている。

台湾仏教界は男性僧侶と女性僧侶との扱いがとても平等だそうである。そして公益活動に熱心だ。このあたり、転換期を迎えている日本仏教界を見直す手がかりとなると思う。

5 神戸の外国人墓地

さまざまな宗教の墓碑が共存する場

愛する人の死に際し、魂の安寧を願い、墓を建て花を手向ける気持ちは万国共通だろう。神戸市北区に、幕末の開港以来、この地で亡くなった外国人たちのための墓地がある。お盆を前にした2015年7月末、市主催の一般公開ツアーをのぞいた。

六甲山の山道を路線バスに揺られ、セミ時雨の再度《ふたたび》公園へ。標高400メートル近くに位置する「神戸市立外国人墓地」は、真夏でも案外涼しい。谷や尾根を利用した緑豊かな約14万平方メートルの敷地に、約2800人が眠る。

墓地は、兵庫開港（1868年）の前年に江戸幕府と諸外国との間で交わされた取り決めに基づき整備された。はじめ同市の小野浜、次いで春日野に作られ、1961年に現在の場所に移転統合した。「景色がよく、時代が変わっても墓地がそこにあり続けられるところ、ということで選定されたそうです」と、管轄する市森林整備事務所長の重藤洋一さん（51）は話す。

墓地は一時、落書きやゴミのポイ捨てが相次いだため、遺族の要望を受けて非公開となった

神戸市北区にある外国人墓地

が、一帯が国の名勝に指定されたのをきっかけに、2006年から市が月に1回、一般公開ツアーを開催している（4〜11月。無料、要申し込み）。

神戸を再発見できる場所

釈さんと訪れたこの日は17人が参加していた。墓は国や宗教・宗派ごとにまとまっている。ガイドの田中清史さん（71）はまず、見慣れない十字架の前で足を止めた。三方の先端がクローバーのような形をしている。「ロシア正教会のお墓です」。主はフョードル・モロゾフ、ロシア革命（1917年）を逃れて来日し、神戸に洋菓子店を開いたロシア人だ。一行から「ああ、モロゾフさん」と声が上がる。

「こっちの人はイギリスの博物学者、リチャード・ゴードン・スミス。六甲山で新種のスミスネズミを発見しました……スミスネズミだけに、スミにじっとしとったんですね」。田中さんの名調子でツアーは進む。田中さんはシルバー人材センターに所属し、ここでのガイド歴は6年ほど。図書館でいろいろ調べて内容を練るといい、「参加する人に喜んで帰ってもらうのがモットー」と笑う。

将棋の駒のような形をした墓は、アメリカの女性宣教師で、神戸女学院大学の前身「神戸ホーム」を設立したイライザ・タルカットのもの。今でも毎年、神戸女学院中等部の生徒が墓参に訪れるそうだ。日立造船の創業者で、神戸・北野の「ハンター坂」に名を残すエドワード・H・ハンターの墓は、塔のように大きい。さらに、日本ラグビーの父と呼ばれるエドワード・B・クラーク、初代神戸港長のジョン・マーシャル、パン職人のハインリヒ・フロインドリーブ——と、日本と神戸の発展に尽力した外国人たちの墓が次々に現れる。出身国はイギリス、アメリカ、ドイツ、ロシアの順に多いという。

趣味のアカペラ仲間4人でツアーに参加していた神戸市北区の女性(64)は「いろんな名前が出てきて、まさしく神戸を再発見できる場所ですね」と感心しきり。政治、宗教、産業、ファッション——多彩な異文化を飲み込んできた神戸の縮図がここにある。重藤さんは「こうし

異国ふうの墓石

た著名な外国人の足跡を通じて、明治から大正にかけて大都市へと発展していった神戸の歴史を知ってもらうのが、公開の目的の一つ」と話す。

さまざまな宗教の墓石が静かに隣り合う

「あれ、フリーメイソンじゃないですか」

小道の脇の墓に釈さんが目を止めた。コンパスと定規のシンボルマークを掲げた墓は、この墓地には50ほどある。正三角形を重ねた「ダビデの星」があるのはユダヤ教の墓。その隣の敷地には、イスラム教のシンボル「星と三日月」を刻んだ墓が並ぶ。炎を表すマークがある墓はゾロアスター教のもの。さまざまな形、さまざまな宗教の墓石が、一つの木陰で静かに隣り合っている。「共生」の理想型を見るようで、なんだか感慨深い。

新たな埋葬は現在も年に10件ほどある。ユダヤ教やイスラム教は土葬だ。また、墓参に訪れる遺族や関係者は年に2000人前後。キリスト教徒はクリスマスに、イスラム教徒はラマダン明けに来る人が多いが、意外なことに、お盆やお彼岸もにぎわうという。「商売をしている人は、日本人が休む時期に『じゃあ行こうか』となるみたいですね」と重藤さん。

異国の文字が刻まれた墓石を興味深そうに眺める釈さん

そういえば、日本風の直方体の墓石にヘブライ語やアラビア語の文章を刻んだものもあった。重藤さんは「神戸が発展する中で、外国人が市民とうまく付き合い、溶け込んでいったことが、この墓地を見ているとわかる」と話す。

それぞれのルーツや信仰を大事にしながら、異国のライフスタイルとも折り合う。外国人と神戸の人たちはそうやって、一緒に街と文化を育んできたのだろう。墓地だというのにとても明るくすがすがしいのは、そうした歴史を体現している場所だからかもしれない。（中本泰代）

釈の眼　神戸外国人墓地

ここには十派を超す宗教のお墓があるとされる。カトリック、プロテスタント各派、ロシア正教、ギリシャ正教、イスラーム、ユダヤ教、ゾロアスター教、ヒンドゥー教など、それぞれの宗教の様式による石碑が建ち並ぶ。今も現役の墓地として使われており、「異教の隣人たち」にとってとても大切な場所なのである。

神戸を見下ろす高台にあり、谷にお墓が密集しているさまは、まさに古代からの日本における墓地だ。遥かいにしえから、この列島に暮らす人々は、こういう場所を埋葬地としてきたのだ。その意味ではまことに日本的な場所である。そこに多様な異教の石碑が共存している。感性豊かな街・神戸のルーツはここにあるように思う。教育・産業・工業・興行・スポーツ・政治・軍事・食文化など、各領域で人生を全うした人物がまつられている。まさに神戸の異文化の縮図と歴史を一望するかのようである。ここに葬られたあるフランス人女性は、イギリスの新聞のインタビューに「私はすっかり日本人になった」と応じたそうである。ここにはそんな小さな物語が無数にある。

墓前で死者の物語を聞いていると、数多くの生と死によって異文化は土着していくのだなと実感する。異文化が根を張っていくためには、「死者の物語」が必要なのである。その象徴であるようなこの地に足を運び、あらためて、宗教研究者にとって〝神戸〟は実に貴重な場所であることを知る。ユダヤ教のシナゴーグがあり、イスラームのモスクがあり、ジャイナ教の寺院があり、キリスト教の教会がある。もちろん、日本仏教のお寺も、神道の神社もある。これらがせまい地域で密集しており、それぞれに生き生きと活動している。この連載も、〝神戸〟なしには成り立たなかったように思う。

外国人墓地は、神戸の他に函館や横浜や長崎など、かつて大きな外国人居留地であった場所にある。人が暮らすところに墓地は不可欠である。ごく当たり前のことなのだが、近代成長期ではしばしば死が見えにくくなっていた。たとえば、経済成長期のシンボルであった「団地」のエレベーターは、死者の棺を入れることができる大きさになっていない。人が暮らす住宅であるにもかかわらず、死者を前提としていなかったのである。われわれの社会は、このあたりから見直していかねばならないのかもしれない。

6 修道女

生涯を神に捧げる生き方とは

神に一生を捧げる修道女（シスター）とは、どんな生き方なのだろう。同じ日本で暮らしながら、遠い存在に思える彼女たちのことを知りたくて、2015年9月、大阪府箕面市にある「大阪聖ヨゼフ宣教修道女会」の本部修道院を訪ねた。

地下鉄御堂筋線千里中央駅前から15分ほどバスに乗り、住宅街を抜けて山手に向かう。終点は聖ヨゼフ会が設立した総合病院「ガラシア病院」。玄関先で池田妙子さん（71）がにこやかに出迎えて下さった。本部修道院は病院の裏手、ゆるやかな坂道を上った木立の中にある。

「修道会」とはキリスト教のカトリック教会において、清貧・貞潔・従順の誓願を立てて共同生活する信徒たちの組織をいう。女子修道会は世界に2000ほどあるとされ、シスターの数は約200万人、日本には2000〜3000人いるといわれる。

ローマ教皇の許可のもと設立される修道会には、祈りや修行に専念する「観想会」と、教育や福祉、医療活動などを行い社会の中でキリストの福音を実践する「活動会」の2種類がある。

シスターたちと晩の食卓を囲む釈さん

寝る前の祈りを捧げるシスターたち

1945年発足の聖ヨゼフ会は活動会の一つで、会員105人。東京、仙台、長崎、ブラジルなどにも拠点があり、会員の多くは教会での活動のほか、聖ヨゼフ会などが運営する幼稚園や学校、病院で奉仕（勤務）する。国内外の「異動」もあるそうだ。箕面の本部修道院では22〜94歳の約30人が暮らし、ベトナムやブラジルの出身者もいる。

世界のどこかで誰かが祈っている

1泊2日の取材は午後5時40分、聖堂での「晩の祈り」から始まった。窓の外から虫の音が聞こえる。シスターが一人、また一人と集まり、十字を切って着席した。「私は神をあがめ、私の心は神の救いに喜び躍る」。20人ほどのシスターが、オルガンに合わせ、澄んだ声で神を賛美した。

お祈りは午前6時40分からのミサのほか、朝・昼・晩・寝る前と1日5回あり、さらに個人的に祈ったり黙想したりもする。中でも、カトリックが大事にしているのがミサだ。修道院長の馬場美保さん（73）は「キリストの死と復活を追体験し、その使命を生きるために祈る時間。地球は回っているから、一日中、世界のどこかで誰かが自分を捧げ、キリストが唱えた愛と平和を願い祈っているのです」。

午後6時、食堂に集まり夕食だ。この日のメニューは、担当のシスターが腕を振るった親子丼と味噌汁、きゅうりの酢の物。食卓で隣り合ったベトナム人のタオさん（30）が「明日からここに来たらいいよ」と明るく笑う。4年半前に来日し、もうすぐブラジルに赴任するという。同じくベトナム人のホアさん（25）は日本の介護福祉士の資格を取るため勉強中。「お年寄りに幸せな生活を送ってもらえるように、『神様があなたのことを愛している』と伝えたい」と話す。

食事を終え、ロビーに11人のシスターが集まってくれた。寝る前の祈りまでの1時間の休憩にはいつも、みんなでテレビのニュースを見たり、その日あったことを話したりと、家族のようにだんらんを楽しむという。この前はバレーボールW杯の中継を見ながら盛り上がったと聞き、一気に親近感がわいた。

弱いから、未熟だからこそ

シスターになるには、洗礼を受けている／生涯を神に捧げたいと望んでいる／未婚——といった条件がある。聖ヨゼフ会では以前は18〜28歳という決まりがあったが、近年は30、40代で志す人も珍しくないそうだ。一人前になるまでに、修道会に入会願を出し、1年ほど希望しながら待つ「希望期」→入会許可が出されシスターたちと原則1年間、生活を共にする「志願期」→2年にわたってシスターになる訓練をする「修練期」→1年ごとに清貧・貞潔・従順の

聖書の勉強をする修練者とシスターたち

誓いを立て（有期誓願期）、6年を終えると生涯の奉献を誓う「終生誓願」を立てる――というプロセスを経る（年限は修道会によって異なる）。シスターは共同生活が原則だが、社会の変化に伴い、自宅での親の介護など個人の事情には柔軟に対応しているという。

車座になったシスターたちの出身地は、神奈川、青森、大阪、東京、ベトナムなどさまざま。この道を選んだきっかけも多様だ。少女の時に教会や学校で接したシスターの姿にあこがれて、という人。無宗教の家に育ったが、社会に出てから聖書の言葉に力づけられたという人。生きる上で不変の価値観を求めた人。今回、聖ヨゼフ会の窓口となって下さった池田妙子さんの出身地は、長崎・平戸。キリシタンのリーダーだった曾祖父は五島列島で明治初期、政府から棄教を迫られ迫害を受けたという。池田さんも幼い頃からキリストの教えに触れ、信仰に誇りを持って育った。

一方で、家族の反対にあう人も少なくない。徳島出身の津田久子さん（85）はシスターになろうと決めた時、両親から「縁を切る」と言われたそうだ。ただ、津田さんも含め多くの場合、家族は年月を経て理解してくれるという。

「シスターになった後、素敵な男性と出会ってしまったら？」。記者のぶしつけな質問に、あるシスター（28）は「心が動くこともある。でも、私は神様が呼んで下さったということを大事にしたい」ときっぱり答えた。

聖ヨゼフ会が設立した百合学院中・高校で23年間にわたって教諭を務めた池田さんは、「若い頃に一度、子どもを持ちたいと思ったことがある」と明かす。だが、一心に祈るうちに、神から「たくさんの人の母になるように」と言われた気がしたという。「生徒や出会う人一人ひとりを大事にしようという気持ちが、さらに強くなりました。それは、いっとき心が動揺したからこそではないでしょうか」と振り返る。

「みなさん強いですね」と思わずつぶやくと、年配のシスターが「弱いからよ」と笑った。「私たちは未熟だけど、共同生活を通して支え合い、力をもらっているんです」。そう言ってシ

敷地内を散歩する修練長の池田妙子さん（左から３人目）と修練者たち

スターたちはうなずき合った。

シスターたちが祈ってくれている世界

夜も更けた。午後10時の就寝まで、入浴や洗濯をしたり、各自の個室で勉強や趣味に没頭したりと思い思いに過ごすという。記者も1室をもらい、快適なベッドですぐに眠りについた。

翌日は5時起き。朝の祈りとミサに参加する。隣に座ったシスターが記者の手元で、聖書の一節や詩編からなる「朝の賛歌」のページを、歌う順にそっと開いてくれた。

にぎやかな朝食を終え、隣接の病院や老人保健施設で奉仕するシスターたちが、きりりと出勤していった。記者は修練院へ。ベトナムとブラジルから来た20代半ばの修練者3人がここで学ぶ。午前中は、修練長である池田さんや年配のシスターたちと聖書の一節を読み、感じたことを分かち合った。

その後は畑作業の予定だったが、小雨模様のため、若い3人から「散歩に行こー」と声が上がった。連れだって敷地内の小高い丘を目指す。「この間、和歌山に行って、海で泳いだの」「先生に水をかけた」。3人は屈託なく笑い、傘を回し、歌いながら歩く。いつしか記者も一緒に笑っていた。箕面でも日本でもどこでもない、豊かで確かな地を歩いている気がした。

駆け足の2日間、シスターたちは穏やかに、まっすぐに記者に向き合ってくれた。一人ひとりの笑顔を思い出す。箕面の木立に囲まれた静かな場所で、そして世界中で、今この瞬間も、シスターが私たちのために祈ってくれている。そう思うと、勇気づけられ、温かい気持ちになる。（中本泰代）

釈の眼　カトリック修道院

大阪聖ヨゼフ宣教修道女会は、カトリック大阪大司教区で生まれた女子修道会である。修道会の大半はヨーロッパ生まれなので、やはりキリスト教風土の中から育った部分があり、ヨーロッパの様式が基盤となっている。しかし、本会は日本の様式を柔軟に取り入れている印象を受けた。この点について尋ねると、「第二バチカン公会議で提示された方針が大きかった」とのことであった。1962年から1965年にかけて行われたこの会議は、カトリックが現代社会とどう向き合うのかという方向性を打ち出したことで知られている。この中で「各文化圏の様式を尊重する方針」が推進された。それは日本の修道会にとっても大きな転換だったのであろう。

「カトリック教会は、これらの諸宗教（ヒンドゥー教・仏教・イスラーム・ユダヤ教）の中にある真実で神聖なものを何も拒絶することはない。その行動様式や生活様式も、その戒律や教理も、心からの敬意をもって考慮する」（「キリスト教以外の諸宗教に対する教会の態度についての宣言」『第二バチカン公会議公文書　改訂公式訳』カトリック中央協議会　2013年）

他の宗教を排斥することなく、敬意をもつべきであることが示されたのである。この宣言は、その後、世界で「宗教間の対話」への取り組みが興隆するきっかけとなった。もちろん、この宣言の背景には、当時すでに深刻化していた宗教間の紛争、他宗教への偏見・差別、社会のグローバル化などがあったことは言うまでもない。ただこの「宗教間の対話」の姿勢も、現在ではファンダメンタリズム（原理主義）の勢いに押され気味であるが……。

日本生まれの女子修道会・大阪聖ヨゼフ宣教修道女会の修道院長であるシスター馬場と修練長のシスター池田にお話をうかがった。彼女たちは、「まだまだ社会活動に精力を注ぎたい」「私たちを通してキリストの美しさが透けて見える、そんな共同体をつくりたい」と語った。宗教者として見事な姿勢だと思う。

そこで私は、さらに「それならば、社会活動は宣教・伝道のために行うのか。それとも自分自身の信仰に基づいての活動だとおっしゃるならば、相手はクリスチャンに入信しなくてもよいのか」と、かなり踏み込んで尋ねてみた。そうすると、「自分たちは、社会活動を通じて神さまの愛を実感している。キリスト教の素晴らしさを知ってもらいたいとは思うが、相手がどのような信仰をもつのかは神さまの御心。私たちが導くわけではない」と応答してくれた。

II

7 シク教

異教徒も排除せず、違いを尊重する宗教

長いひげ、頭にはターバン。多くの日本人が「インド人」と聞いて思い浮かべるであろう風貌は、「シク教徒」の特徴だ。そのシク教の寺院「グル・ナーナク・ダルバール」が、神戸市中央区の住宅街にある。関西日印文化協会会長の溝上富夫・大阪外国語大名誉教授（74）に案内を依頼し、２０１５年10月初旬の日曜、釈徹宗さんと共に訪れた。

阪急王子公園駅から歩いて15分ほど。閑静な住宅街が並ぶ坂道の途中に、「GURU NANAK DARBAR」と金色の文字が掲げられた不思議な建物が現れた。

待ち合わせ時間より一足早く到着してしまった記者。１人で思い切って扉を開けると、白いターバンを巻いた青年が笑顔で出迎えてくれた。片言の英語で取材の趣旨を伝えると怪しむことなく「ＯＫ、ＯＫ」と内部に導いてくれた。

１階は食堂で、入り口のすぐ横にある階段を上がった2階が礼拝空間だ。階段の横には手洗

い場がある。「上がるときは手を洗い、ハンカチを頭に乗せてください」。聖なる場では頭を布で覆うのがマナーだ。

礼拝の部屋に入れてもらう。カーペットが敷かれ、天井からさまざまな飾りがつり下げられている。中央には天蓋《てんがい》が下がった高座と祭壇があり、何かが大きな布で覆われている。合流した溝上さんが「あそこには大きな聖典が安置されています」と教えてくれた。シク教では創始者のグル・ナーナクの後、10代目まで後継のグル（師）がいたが、その後は聖典そのものをグルと考えて尊ぶのだという。聖典はグルの教えなどがまとめられた１４３０ページにも及ぶ長大なものだ。

パンジャブ語の聖典を唱える

儀式は午前11時半から始まる。祭壇の脇に先ほどの青年を含む３人の男性が座り、「ハルモニウム」と呼ばれる小型のオルガンや「タブラ」という独特の打楽器を演奏しながらパンジャブ語の聖典を歌うように唱える。３人は演奏や歌を専門とする楽師たちで、数ヵ月交代でインドから招かれているらしい。エキゾチックで美しい音楽が切れ目なく続き、身を委ねているとインドにいるような気分になってくる。高座の奥には信徒の男性が立ち、白い毛を束ねた仏教の「払子《ほっす》」のような道具を時々左右に振る。空間を清める意味があるようだ。

部屋に入って来た信徒たちは、祭壇の前で膝をつき、ぬかずいて礼拝する。祭壇には小さなカゴがあり、お賽銭を入れる。小銭だけでなく、千円札を入れる人も多い。演奏者へのお布施を入れるカゴも別に用意されている。その後は男女で左右に分かれて自由に床に座り、聖典を唱和したり瞑想したりと、思い思いに祈りの時間を過ごす。

参加する時間も人それぞれだ。最初からいたのはほんの数人ほど。正午過ぎから徐々に増え始め、午後1時前には約50人ほどになった。家族連れも多く、小学生くらいの兄弟がなにやら楽しそうにふざけ合う姿もほほ笑ましい。溝上さんによると多い時には150人ほどが集まり、立つ場所もないほど混雑することもあるという。

正面に2ヵ所、スクリーンが設置され、今歌われている部分の聖典の原文、英訳と、ローマ字発音が映し出されている。パンジャブ語を話せない人にも、信仰がしっかりと受け継がれていくための工夫だろう。前方の男性がパソコンを駆使して画面を操作しているようだ。聖典をしっかりと把握していないとできない重要な役割なのだろう。

礼拝後の食事は異教徒にも

男性たちは、首から下だけ見ればTシャツやポロシャツにジーンズと服装は意外とカジュアルだ。しかし頭部のターバンに注目してみると、黒や赤、青、黄色と多彩で、形状もさまざま

礼拝ではそれぞれ床に座り、思い思いの時間を過ごす。思ったよりシンプルな空間

礼拝の時間に独特の楽器を奏でる男性たち

で実におしゃれだ。釈さんや記者のようにハンカチをかぶっている人も目立った。女性たちも色とりどりのゆったりとした服に身を包み、スカーフでふんわりと頭部を覆っている。ファッションを見ているだけでも面白い。

午後1時半ごろ、みんなが一斉に立ち上がった。全員で聖典を唱和した後、何やらみそのようなものが一人ずつに配られ始めた。みんな両手で受け取るなり口に入れている。「お供え物の御下がりのお菓子です」と溝上さん。周囲に倣って手を差し出すと、ひとつまみほど手のひらに乗せてくれた。ほのかに温かいそれをおそるおそる口に運ぶと、意外にもどこか懐かしさを感じる甘さでおいしい。手を拭くためのティッシュが用意されているのもうれしい心配りだ。

礼拝後は1階に降り、「ランガル」と呼ばれる信徒たちの奉仕で振る舞われる食事の時間となる。男女や宗教、国籍を問わず誰もが平等であるという信仰を表す宗教的な行為で、シク教徒でなくてもいただける。食堂のカウンターにご飯やチャパティ、野菜のカレー、豆のスープ、フライ、ヨーグルトなどが用意されており、お盆と食器を持って並び一つずつ受け取る。席も自由で、皆おしゃべりをしながら楽しそうに過ごしている。

驚いたのは、遅れて席に着いた記者が食べ始めたころには、先に降りていった男性の多くが食べ終わっていたこと。早食いなのかと思ったら「席が足りないから、先に食べる男性は後から降りてくる女性たちのために早く席を譲るのです」と溝上さん。自然に他者を気遣う姿に感心し、何も考えずにのんびりしていたことを反省した。ただ料理はとてもおいしく、慌てて食べるのももったいないので、しっかりと味わっていただくことにした。

違いを認めて他者に気遣う

信徒総代のジャグディーシュ・シンさん（67）に話を聞いた。「日本で生活される中でのご苦労はありますか」。釈さんが尋ねると「それほどありません。ただ、子供たちにシク教の教育をする学校があればいいとは思います」とおおらかだ。「シク教を信仰する喜びは何でしょう」。神戸で生まれ育ったというシン・セティさん（53）は「心のよりどころがあること」と答えた。さらに「こうして多くの人たちと一緒に祈ることで、自分の知識で考えられる範囲を超えた聖なる存在を感じることができるんです。それはとても幸せなことですよ」。釈さんも「よく分かります」と何度もうなずいた。

シク教徒の男性は髪の毛とひげを切らないため、ターバンはシンボル的なものだ。しかし礼拝に集まった男性の半分近くは、記者たちのようにターバン姿ではなかった。見た目からして異質な人たちが祈りの場に多くいることに、違和感はないのだろうか。「彼らはシク教徒ではなくても、教えに共鳴した人たち。何も不自然なことはありません」とジャグディーシュさんは当たり前のように話す。異教徒も決して排除せず、彼らにシク教への改宗を促すこともしな

礼拝後は食事。皿を持ち並ぶと担当の信者らがよそってくれる

ジャグディーシュ・シンさん、シン・セティさんに質問する釈さん

い。「本人の希望があれば受け入れますが、人それぞれ自由ですから」。同じインドで信仰されるヒンズー教やジャイナ教の人たちとも頻繁に交流があるという。「山登りと同じで、行く道は違っても、みんな目指す場所は同じだと思います」

「共存」という言葉を耳にすることは多いが、実践するのは簡単ではない。シク教の人たちが見せてくれた、他者との違いをごく自然に尊重する姿には、そのヒントがたくさん詰まっているように感じた。何か大切なお土産をもらったような気持ちで帰路についた。（花澤茂人）

★シク教……16世紀初め、インド北部でグル・ナーナクがヒンドゥー教の改革を掲げて創始。イスラム教の影響を受けて、偶像崇拝やカースト制度を否定し、神の前では男女問わずすべての人が平等と説く。「シク」とはグルに対する「弟子」の意味。インド人口のわずか2％に過ぎないが、行動的で労働を尊ぶため勤勉な人物が多いとされ、インドでは官僚や軍人として活躍する人物が多い。マンモハン・シン前首相もシク教徒。

釈の眼　シク教

映画『聖者たちの食卓』をご存知だろうか。シク教の総本山ともいうべきハリマンディル・サーヒブ（通称、黄金寺院）の様子を描いたドキュメンタリーである。ここでは毎日10万食の食事が無料で提供されるのだ。５００年以上にわたる活動となっている。人種や階級や宗教を問わず、誰でも食することができる。日々、３００人のボランティアが活動しているそうである。これが日常なのである。

規模は異なるものの、神戸のグル・ナーナク・ダルバールでも、そういったシク教の特性が垣間見られる。礼拝が終了すると食堂で食事が提供される。誰が来てもあまり気にする様子もない。オープンな雰囲気である。モスクにおけるラマダン（断食月）のイフタール（日没後の食事）に似ていると感じた。

古来、ヒンドゥー文化圏の宗教において、食事の提供は重視されてきた。プージャ（供養）の形態である。シク教の場合は、厳しい食規範があるわけでもない。みんなが同じものを食べる。宗教学でいうところの「共食行為」である。

シク教とは、世界を創造し維持する唯一無形の神を信仰する宗教である。万人平等を説き、偶像崇拝を否定する。ケーシュ（切らずに伸ばした髪）、カッチュ（ショートパンツ）、キルパーン（刀剣）、カーラー（鋼鉄製の腕輪）、カンガー（ケーシュを整えるための櫛）などがシンボル的に愛好されている。また、切らずに伸ばした髪を束ねてターバンに巻いているシク教徒は、ケーシュダーリーと呼ばれる。男性はライオンを意味する〝シン〟、女性は王妃を意味する〝コウル〟を名乗る習慣もある。インド北西部のパンジャブ州を中心として約２０００万人の信者がいるようだが、信者数に比してインド社会での影響力は大きいと言われている。

シク教では、職業に精勤することが重んじられ、礼拝と奉仕活動が奨励される。また、神職者や祭礼階級がない。礼拝儀式の執行は、長老役を中心として、信者たちが交替で行っている。

前述したように、シク教は唯一なる絶対真理への信仰が軸となっており、歴代十名のグルも師ではあるが神ではない。現在は人ではなく聖典の『グル・グラント・サーヒブ』がグルとなっている。日常生活の中にある平易な信仰の道と、水平的視線がとても魅力的なのだ。

8 「奇跡の主」の祭り

ペルー発祥の聖行列を大阪で

日本の祭りといえば、「ワッショイ」のにぎやかな掛け声や熱狂する人々の姿を思い浮かべる。だがペルー発祥でカトリック信仰と深く結びついた「セニョール・デ・ロス・ミラグロス」(「奇跡の主」の祭り)は荘厳さと開放感が溶け合っているのが特徴だ。キリストの受難と死、そして復活を祝福するこの祭りが大阪でも開かれると聞き、カトリック枚方教会(枚方市)を訪ねた。

喜びと悲しみが重なり合う

♪セニョ〜ル・デ・ロス・ミラ〜グロ〜ス。2015年10月下旬の昼下がり、カトリック枚方教会に隣接する幼稚園の園庭にもの悲しいメロディーが流れる。その中を、紫色の衣服に身を包んだ在日ペルー人ら約20人が男女別に大小2基の神輿《みこし》を担いで練り歩く。信徒たちの手製の神輿は大きいもので100kg以上。キリストの磔刑と聖母マリアが両面に描かれた絵像が

カトリック枚方教会で行われた「奇跡の主」の祭りの聖行列

掲げられ、担ぎ手の後に信徒らの長い列が続く。この時期、世界各地で行われる「奇跡の主」の祭りの聖行列だ。

参列者の中には、ボリビア人やフィリピン人、日本人もいる。「奇跡の主よ、私達をあなたの慈悲に値するようにしてください」という内容の歌詞を口ずさむ人も。園庭を反時計回りにゆっくりと2周する間に担ぎ手は何度も入れ替わり、記者も飛び入りで参加。交代の際には絵像に触れて、十字を切る人の姿がちらほら見られた。1991年に来日した日系ペルー人2世のカルメン城間さん(52)は「国が違っても信仰は同じ。誰でも参加でき、みんなのために祈りましょうという思いが強い」と、祭りの意義について教えてくれた。

　この日は朝から教会の聖堂前にテントが並び、信徒たちが忙しそうにペルー料理販売の準備をしていた。聖堂は紫のリボンや風船で飾り付けられている。「今日のお祭りにはイエス様が私たちの罪のために命を捧げてくれたという喜びと悲しみの両方の意味がある」とメキシコ人神父のフリオ・トレスさん（41）。紫は償いと懺悔の色。信者は紫のものを身につけて、神様をお迎えするための心を準備するという。聖堂内も紫色のリボンや花で飾り付けされ、祭壇近くには神輿で担ぐ2枚の絵と刺しゅうされた旗が用意されていた。

　午前11時ごろから、ミサ開始の前にペルーの民族踊り「バリチャ」が祭壇前で披露された。聖堂内には人があふれ、中に入れない人も。ざっと２００人以上はいる。日本人のほか、南米系の人が目立つ。フリオ神父によると、枚方教会のミサに通う日本人は３００人、ペルーやボリビア、メキシコなどスペイン語圏ラテン系人とブラジル人がそれぞれ60〜70人、フィリピン人が40〜50人いるという。日本語・スペイン語・英語・ポルトガル語の４ヵ国語で行う「国際ミサ」が行われ、オルガンとギター奏者の生演奏で、次々と賛美歌が歌われる。最後に「奇跡の主」の哀調を帯びた聖歌。そして絵と旗が外に運び出され、園庭の聖行列が始まった。

カトリック住吉教会の「奇跡の主」の祭り（カトリック住吉教会提供）

母国の伝統を日本の地で続ける

日本で初めて「奇跡の主」の祭りが開かれたのは1991年。その前年に来日したホアン・カスティーヨさん（60）らがカトリック住吉教会（神戸市）で始めた。ホアンさんは来日前、ペルー・リマの「奇跡の主」の祭りの雑踏の中で、3人の子どもを見失ってしまった。必死で探しても見つからず、途方にくれたホアンさんは懸命に神に祈りを捧げ、「子どもたちを見つけ出せたら、将来、自分がどこへ暮らそうともこの祭りを開こう」と誓ったという。その2時間後、無事に子どもたちと再会。1年早く来日していた妻を追って日本で新しい生活を始めたホアンさんは、住吉教会の神父に相談してこの祭りを日本で開催するに至った。当時、祭りでかつぐ神輿の祭壇はホアン夫妻の手作りだった。日本で唯一開かれる「奇跡の主」の祭りとあって、静岡や四国など遠方からもペルー人が訪れ、約200人が参加したという。

ホアンさんに祭りの意義を改めて尋ねると、「まずは自分の信仰のため。そして兄弟であるペルー人のため。母国の伝統を日本の地で続けることで心はつながるのです」と語った。母国に帰る仲間の増加、近隣各地への分散化などを背景に、住吉教会での祭りの参加者は年々減っているというが、「祭りを続けることに困難を感じたことはない。ミサに出ることで神が苦しみや悲しみをいやしてくれる」と話す。祭りはその後各地へ広まり、枚方では2009年から開催。カルメンさんら信徒が、同じスペイン語を母語とするトレス神父に提案した。

カトリック信者の心が一つになれば

枚方教会は、日本人信徒が8割近くを占める。07年に赴任したフリオ神父は当時、「日本人と外国人信徒の間に壁を感じた」と明かす。「祭りを通してカトリック信者の心が一つになればと考えました」。開催に向け、まずは日本と外国の子どもたちが一緒に通える日曜学校を始めた。そこに大人も招き入れ、両者の距離が縮まっていったという。

祭りの準備はペルー人が中心だが、日本の信徒も手伝う。開始当初から関わる松尾由佳さん

ミサでは祭壇前で民族踊りが披露された

神に捧げる踊りには、色とりどりの衣装で子どもも大人も参加

（55）は「この祭りは日本で暮らすペルー人にとってアイデンティティーそのもの」と感じている。自身が参加する理由については「日本に住むペルーの人は出稼ぎにきた人がほとんどで、そういう人たちを応援したいという気持ちが強い。日本には外国人を守る法律がない。こういうお祭りを盛り上げて、もっとみんなが幸せになれたらいいなと思っている」と話した。

当日はペルー料理がふるまわれ、伝統の踊りも披露された。にぎやかな曲調、色とりどりの衣装で子どもも大人も参加。見物客はみなにこやかな笑みを浮かべ、写真を撮ったり、手拍子しながら楽しんでいた。フリオ神父も「がんばって」「ブラボー」などとマイクパフォーマンスで盛り上げる。日本で生まれ育ったカレン・エリアーナさん（20）は民族舞踊「マリネラ」を踊った後、関西なまりでこう語った。「授業やバイトがあって毎回ミサには出られないから、今日のような特別なお祭りは大事にしたい。ペルーに行ったことはないけど、自分のルーツを実感できた。ペルーの伝統的な踊りを知ってもらいたくて日本の友達も誘いました」

午後はフラダンスや「妖怪ウォッチ体操」など多彩な出し物によるフェイスタ（国際文化祭）で盛り上がった。ステージ前の椅子に座って鑑賞する人もいれば、一緒に踊り出す人、ペルー料理をほおばって談笑する人など思い思いの時間を満喫している。記者も聖堂前に並んだ出店で、「奇跡の主」の祭りでは必ず食べるという「ピカロネス」を購入した。さつまいもとカボチャと小麦粉を練って揚げた甘いドーナツ。紫とうもろこしのゼリー「マサモラ・モラーダ」

やサンドイッチも売られていた。和やかな雰囲気のまま、フェイスタは18時まで続いた。

ペルー人による開かれた祭りは、遠く離れた故郷を思い出すよすがであると同時に、異郷でマイノリティーとして暮らす彼／彼女らと「隣人」たちが共生する文化を育んでいるようだ。言葉や国境を超えて宗教が持つ「つながる力」について改めて考えさせられた。（清水有香）

★セニョール・デ・ロス・ミラグロス（「奇跡の主」の祭り）……「奇跡の主」とは、ペルーがスペインの統治下にあった1651年、ある黒人が首都リマで壁面に描いたとされる磔刑のキリスト像を指す。17世紀後半の2度の大地震にも耐えたことなどから、次第にあがめられ、奇跡をたたえる聖行列が始まった。参列者はキリストの受難を示す紫色の衣装を着る。ペルーの国民的行事であり、移住者らにより世界各国で実施。日本でも10ヵ所以上で行われているとされる。

釈の眼　ペルーのカトリック

今回は、これまで取り上げてきたコミュニティーと少し事情が異なる。「異教の隣人」シリーズは、まだなじみが薄い外来の伝統的宗教教団を取り上げてきたのであるが、カトリックはすでに日本で長い歴史と伝統をもち、日本人信徒も多い。しかし、近年、日本のカトリック教会におけるニューカマーズ（新来者たち）の影響が注目ポイントなのだ。

カトリック教会は、カトリックの洗礼によって結ばれた人たちで構成される組織である。ローマの司教区の首座に位置する〝教皇〟をおくことに大きな特徴があるので、ローマ・カトリック教会とも称されている。現在、世界最大の宗教組織であり、人類史上最大の規模をもつ宗教である。

日本のカトリックは16の独立した司教区から成っており、全国に約1000ヵ所のカトリック教会がある。日本の人口に占めるカトリック信徒の割合は0・3〜0・4％ほどであるが、16世紀にイエズス会が来日して以来、日本の宗教・思想・教育・医療・福祉・文化・芸術に大きな影響を与えてきた。

そのような土壌の中、バブル期をきっかけに、新しい労働力としてペルーやブラジルなどから日本へやってきた人々がいる。もちろん彼らはもともとカトリック信徒なのだから、日本においてもカトリック教会へ通うこととなる。そこには、従来から教会に通い、運営してきた日本人信徒たちがいる。互いにうまく折り合っていかねばならない。しかし、そうすんなりとはいかない問題が起こることもある。世界最大規模の組織をもつカトリックならではの事情であると言えるだろう。これはこれで、実に興味深い状況である。

「奇跡の主」の祭りはそんな垣根を打ち破るのに有効な手立てという面があったようだ。宗教儀礼が人と人とを結びつける強烈な装置でもあることは、総論でも述べた通りである。中でも〝お祭り〟には独特の求心力がある。ペルーのお祭りに目をつけたホアン・カスティーヨさんやフリオ・トレス神父たちは誠に卓見であった。宗教の特性をよく知っていたのだろう。

フリオ神父は信仰熱心な家庭に育ったそうである。信仰による絆の重要性を、静かに、しかも情熱的に語ってくれた。近隣の信徒からの信頼も厚いようだ。大阪の枚方で、ペルーの「奇跡の主」祭礼が展開される光景。日本カトリックにとっての新展開である。

9 ベトナム仏教

姫路に根ざした元難民らの寺院

1975年のベトナム戦争終結以降、国の混乱を逃れるため多くのベトナム人が日本にやって来た。いわゆる「ボート・ピープル」と呼ばれる人々だ。その後、異国の地に根を張った彼らの信仰は、どのように実践されているのか。ベトナム人が多く暮らす兵庫県姫路市に建つベトナム仏教の寺院を訪ねた。

お布施、募金、ボランティアで運営

JR山陽線の御着《ごちゃく》駅前でタクシーに乗り、「ベトナムのお寺へ」と告げると、運転手は迷わず車を発進させた。ベトナム仏教の「大南寺《だいなんじ》」までベトナム人を乗せる機会が多いのだという。走ること5分強。旧家が並ぶ町並みを抜けると、たくさんの仏旗がはためく大南寺に着く。仮設の本堂と大きなテント、プレハブの建物。屋外の大きな観音像と釈迦像が目に入るが、いわゆる山門はない。ベトナム語で書かれた看板やポスターが多く目につく。広さ約1400平

大南寺本堂

法要で説法を聞く参加者ら

方メートル。2013年に建設が始まった完成途上のお寺である。

住職を務める釈潤普（本名グェン・バン・ナム）さん（38）は、ベトナム中部の古都・フエの出身で、13、14歳の頃、同国で出家した。2009年に来日。龍谷大の大学院で仏教学を勉強しながら僧侶を務めている。「日本にも仏教があると聞いて、学んでみたくなりました。仏教の研究は、ベトナムより日本のほうが深いですね」

グェンさんは、すでに神戸市で「和楽寺」というベトナム仏教のお寺の設立に関わり、大南寺は二つ目。「神戸は土地が小さいですがしっかりしたお寺です。みんなが来て仏教の勉強をしたり、お経をあげたりするには暖かみがあっていい。ですが、いろいろイベントをするには狭く、ベトナム人が多い姫路からは遠い。たまたまここが広くて更地だったので、聖地にしたいと思いました」。元々皮革工場だった土地を取得し、寺の建設を始めた。それら費用はお布施や募金でまかなっている。週末を中心にボランティアが集まって、少しずつお寺を作ったり、イベントの準備を進めたりしている。

現在、日本には関東に二つ、関西に三つのベトナム仏教寺院があり、全国で10人ほどの住職がいるという。「最初、東京で日本語を勉強していたのですが、関西地区にはベトナムのお寺がないと聞いていました。その後、龍谷大に入学したこともあって、関西でお寺作りをはじめました。ベトナム人が亡くなった時に法事もできないし、日本のお寺では日本語が分からない。

何とかしないと、と思ったんです」。グエンさんは笑みを絶やさずに振り返る。現在、和楽寺の住職も務め、大南寺、大学の3ヵ所を行き来している。

ベトナムでは日本と同じ大乗仏教が広く信じられている。だが僧侶は出家主義で精進料理を食べ、妻帯してはいけないなど戒律の面で異なる。釈さんがベトナムの仏教やお寺について尋ねると、グエンさんは「日本の仏教にはたくさん宗派がありますが、ベトナムでは浄土宗、禅宗、真言宗の三つです。本尊はお釈迦様と決まっています。この寺は浄土宗ですが、三つの宗派が混ざっています」と答えた。

「日本の仏教とは、ずいぶん違いますね。お墓はどうですか」と聞く釈さんに、「ベトナムは土葬で、日本は火葬ですから、これまでは直接遺体をベトナムに運んでお墓に入れていました。日本に長く住んでいると、近くにお墓があったほうがいい。日本でベトナム人だけの墓地ができればいいですね」とグエンさんは希望を述べた。

電飾と音楽でショーアップされた法会

11月下旬の休日、阿弥陀仏《あみだぶつ》に平和を祈願するという法会を取材した。同時期、本国でも行われている法事だ。地元の姫路、関西だけではなく中部、中国地方からも計300人の在日ベトナム人が参加した。楽しそうに会話をしている若者の姿が目につく。

法要の前に記念撮影する人たち

ろうそくの火を見つめる信者たち

伝統衣装のカラフルな「アオザイ」を来た華やかな女性たちが、ダンスを踊り阿弥陀仏にろうそくの火をささげる。ポップス調の音楽、夜の屋外に東南アジアの国らしい派手な電飾が明滅し、信者一人ひとりが灯した火が幻想的な雰囲気を醸し出す。法会がショーアップされている。日本の静かな仏教のイメージとはひと味もふた味も違って、信者の関心を引く趣向が凝らされていると感じた。

「難民として日本にやってくる途中、海で亡くなったり、いろんな状況で亡くなったりした方がいます。または紛争で亡くなった尊い命を思い、共に平和を祈っています」。グエンさんは法会の目的を話した。来日35年のお寺のスタッフ、渡辺レイさん（43）は「これだけ大きなイベントは、広い敷地がないとできません」と誇らしげだ。法会では48の仏教の誓いを全員で読み上げた。南無阿弥陀仏にあたるベトナム語の「ナンモアジダファッ」と一斉に唱える念仏が耳に残った。ダンスを踊る女性たちは、「ほとんどが2世」だという。

在日ベトナム人の歴史は、１９７０年代後半のベトナム難民の時代から始まる。79年に姫路市、80年には神奈川県大和市に「定住促進センター」が設置された。その後も就労や結婚などによる来日と定住が進み、２０１４年末現在、在日ベトナム人の数は９万９８６５人（法務省調べ）。中国、韓国・朝鮮、フィリピン、ブラジルに次ぐ多さだ。

渡辺レイさんは振り返る。「ベトナム人を支援してくれたのが、カトリックを信仰している人たちでした。教会に行きなさいと言われるわけではないけど、自然と教会が集まる場所になっていました。でも心のなかには、ベトナムのお寺があればいいなと感じる人がいたと思う。姫路にお寺を作ろうとなったとき、仏教の心がよみがえりました」

日本のベトナム仏教の聖地に

大南寺は地域の自治会に入り、周囲との融和を進めている。地元の祭りでは、寺の境内に山《だ》車《し》が入ってくる。近所に住む男性は、「この土地にはたくさんのベトナム人が暮らしてきましたが、今までは代表して誰と話せばいいか分からなかった。お寺という窓口ができて、こちらも安心です」。寺側は大きなイベントがある際にはチラシを周辺に配布して、開催の通知、参加を呼びかける。静かな日本のお寺と違い、派手でにぎやかなイベントに、当初は苦情もあった。だが、寺側の努力もあって徐々にそれも減り、寺は地域に浸透しているようだった。

グエンさんは「ベトナムの文化も言葉も知らない若者が増えています。お寺で仏教の心や語学を教えながら、この場所を心のよりどころにして、文化を継承する場所にしたい。大南寺を日本のベトナム仏教の聖地にできると思っています」と願いを込める。「日本に住んでいるベトナム人にはいい人もいるが悪い人もいる。お寺に来ることで、悪い心を持った人が良い方に変わって、安定した生活を送ってくれることが一番です」と在日同胞の安寧を祈った。

ベトナム戦争終結から40年。記者と共に法会に参加した大阪国際大教授の三木英さん（宗教社会学）は「田舎過ぎず都会過ぎず、抜群の場所にあります。『第二の故郷』ができた喜びが伝わってきました」と語った。（棚部秀行）

★ベトナム仏教……中国から伝わった大乗仏教が主流で、ベトナム文化に浸透し国民の大半に親しまれている。本尊に釈迦仏を拝み、禅宗、浄土宗、密教などが混交、日本のように宗派に分かれていない。ベトナム戦争下の1963年6月、南ベトナムのゴ・ディン・ジエム政権の仏教弾圧に反対した仏教僧ティック・クアン・ドックが、現ホーチミンの米国大使館前で焼身自殺して抗議したことが知られる。平和活動家で禅僧のティク・ナット・ハン氏が、瞑想の実践法などで世界的に有名。

釈の眼　ベトナム仏教

今回の対話で、異国で暮らす人々にとって自国の宗教・文化の拠点がどれほど重要であるかを、あらためて実感した。ベトナム仏教のお寺があること、そこに僧侶がいること、そこへ行けば故郷の文化様式の中に身をおけること、それらがもたらす安心感は当事者たちも言語化しづらいほど根源的なものなのだ。

関西にベトナム寺院ができるまで、この地で暮らす人々のサポートをしていたのはキリスト教の教会だったようだ。教会へ行けば同胞に会える、そんな思いで通った人も多かったという。この点、彼らはキリスト教会にとても感謝している。しかし、やはり自分たちのメンタリティや様式とは異なる違和感があったのである。伝統的な食事や子育て、先祖から親しんできた葬儀やお祭りへの思いがつのり、ついにベトナム寺院誕生へと至ったのである。「次世代にベトナムの言語・文化・宗教を伝える拠点」としてのお寺ができたわけだ。ある信徒は、「ここを生活の基盤として、ベトナム人が日本でどう生きるのか、日本に何ができるのかを身につけていきたい」と語った。実際、お寺ができてから、ベトナム人コミュニティーはとても穏やかで安定するようになったという。

ベトナム仏教と日本仏教との大きな相違は、「出家者の形態」と「宗派の形態」であろう。日本は僧侶の出家形態が崩れており、それぞれの宗派の枠組みが強い。一方、ベトナム仏教では出家形態が維持されていて、僧侶は精進料理を食べ（ただし上座部仏教のように、食事は午前だけということはない）、家庭をもたない。仕事にも就かない。宗派は、浄土系宗派・禅系宗派・密教系宗派と三つほどあるらしいのだが、日本のようにきっちりと分かれていない。

そのような違いにとまどいながらも、住職の釈潤普さんは日本仏教のよいところを学ぼうとしている。「日本の仏教研究はとても進んでいる。ベトナム仏教はまだまだ学ばねばならない」「ベトナムでは出家者は僧堂での修行・学問に専念する。しかし、日本では出家者も社会の中でいろんなことをやらねばならない。それは自分にとって大きな学びとなった。日本において社会と関わっていくことを学んだ」と話してくれた。近年、このような「異文化圏の仏教が交流することで新しい動きが起こる」といった潮流が見られる。大乗仏教の極北のような日本仏教であるが、他文化圏の仏教との交流によって再点検が始まるかもしれない。

シク教の日曜礼拝に行きました

細川貂々

礼拝堂の中はこんな感じ
女性はこっち↓
この布の下に聖典が入ってる
ヤクの毛の棒を左右にふってわざわいをふり払ってる
開祖グル・ナーナクの絵
男性はこっち↓
↑私
楽士の人が楽器をひきながら聖歌を歌う
とっても上手
お布施入れ
シク教は歌う教典なのだそうです

礼拝が終わると
パルシャードというお菓子が配られます
手のひらに練った甘いお菓子をのせてくれる
↑少しずつちぎってたべる
その後
1階の食堂でランガルという食事が提供されます
男性が先で女性が後に食べる
と聞いてたので
その場でずっと座ってたら
私？
今日はじめて来ましたか？
教えてあげます

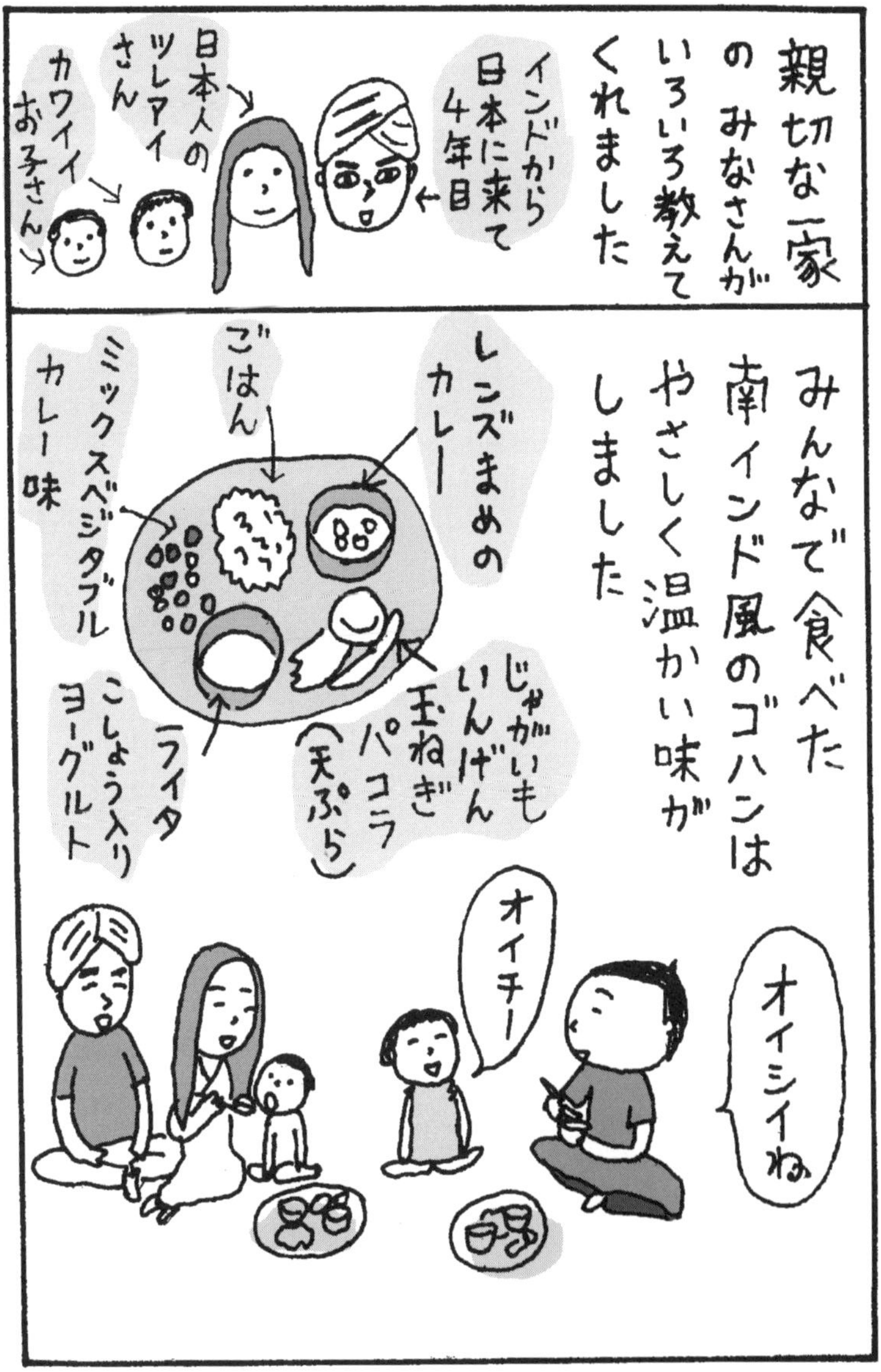
親切な一家のみなさんがいろいろ教えてくれました
インドから日本に来て4年目
日本人のツレアイさん
カワイイお子さん
みんなで食べた南インド風のゴハンはやさしく温かい味がしました
レンズまめのカレー
ごはん
ミックスベジタブルカレー味
じゃがいもいんげん玉ねぎパコラ（天ぷら）
ライタこしょう入りヨーグルト
オイシイね
オイチー

10 ヒンドゥー教

インドを体現する宗教の教えと暮らし

「インド教」とも呼ばれ、インドの伝統や文化の底流としてその国民性に幅広く影響を与えているヒンドゥー教。日本でも吉祥天や弁財天、帝釈天などヒンドゥー教に起源を持つ神々が生活に溶け込んではいるが、実際にその教えや暮らしに触れる機会は少ない。釈徹宗さんと共に、大阪市淀川区でヒンドゥーの思想や文化を伝える活動をしているハリ・シャンカラ・シャルマさん（81）を訪ね、日々の生活について聞いた。

２０１６年1月、関西日印文化協会会長の溝上富夫・大阪外国語大名誉教授（74）の案内で、阪急南方駅から徒歩5分ほどのマンションにある「大阪アーユルヴェーダ研究所」に到着した。「ようこそ」。難しそうな書物が所狭しと並ぶマンションの一室で出迎えてくれたシャルマさん。オレンジ色の衣類と、明るい笑顔が印象的だ。５０００年の歴史を持つというインドの伝統医学、「アーユルヴェーダ」の専門家で、インド国立のグジャラート・アーユルヴェーダ大学大学院の元院長だという。インドでアーユルヴェーダを学んでいた日本人のイナムラ・ヒロ

部屋の一角にある祭壇の前で祈りをささげるシャルマさんたち

エ・シャルマさん（72）と出会い、およそ20年前に来日した。現在はイナムラさんが大阪アーユルヴェーダ研究所の所長を務める。年に2回の講座を開き、これまで延べ約1000人に「豊かに生きるための知恵」を伝えたという。
「私たちが考える医療との違いはなんですか」と釈さんが問うと「大きく違います。アーユルヴェーダは治療と言うよりもライフスタイル。先人の知恵を伝承し、いきいきと長生きをする方法です」とシャルマさんが説明してくれた。そういえばシャルマさんからも、80歳を過ぎているとは思えないはつらつとしたエネルギーを感じる。

神様には名前も形もない

部屋の中にはいろんな場所にカラフルな神様の絵や像が置かれている。「まず、お祈りをしましょう」。シャルマさんに導かれ、部屋の一角に設けられた祭壇の前へ。シャルマさんは線香をたき、小さな鐘を鳴らして歌うように何かを唱え始めた。客人を迎えた際の祈りだ。「幸せ、富、来ますように」「あなた万能、完全、私は認めます、我々は認めます」。ヒンドゥーの祈りの言葉をイナムラさんが日本語に訳した独自のものだそうだ。神をたたえるだけでなく、自分の罪を懺悔《ざんげ》するような内容の言葉もある。不思議な旋律に、厳かな気持ちになる。お祈りは数分間で終わった。

ヒンドゥー教には、破壊と再生を象徴するシヴァ神、宇宙を守るヴィシュヌ神、ヴィシュヌ神の化身とされるクリシュナ、像の顔をしたガネーシャなど多くの神々がおり、特に強く信仰する神によって宗派のようなグループがあるとされる。

釈さんが「シャルマさんはどんな神様を深く信仰されているのですか」と問うと、「神様には、名前も形もない」とちょっと意外な答えが返ってきた。こちらを指しながら「溝上さんも神様、釈さんも神様。子どもでも分かりやすいようにいろいろな名前や形が示されていますが、本当は神様はどこにでもいるのです。私の中にも、この机にも、空気にも」と力を込める。

そういえば先ほどお祈りをした祭壇にも、女神の絵や像、人物の写真、水晶玉のようなもの、

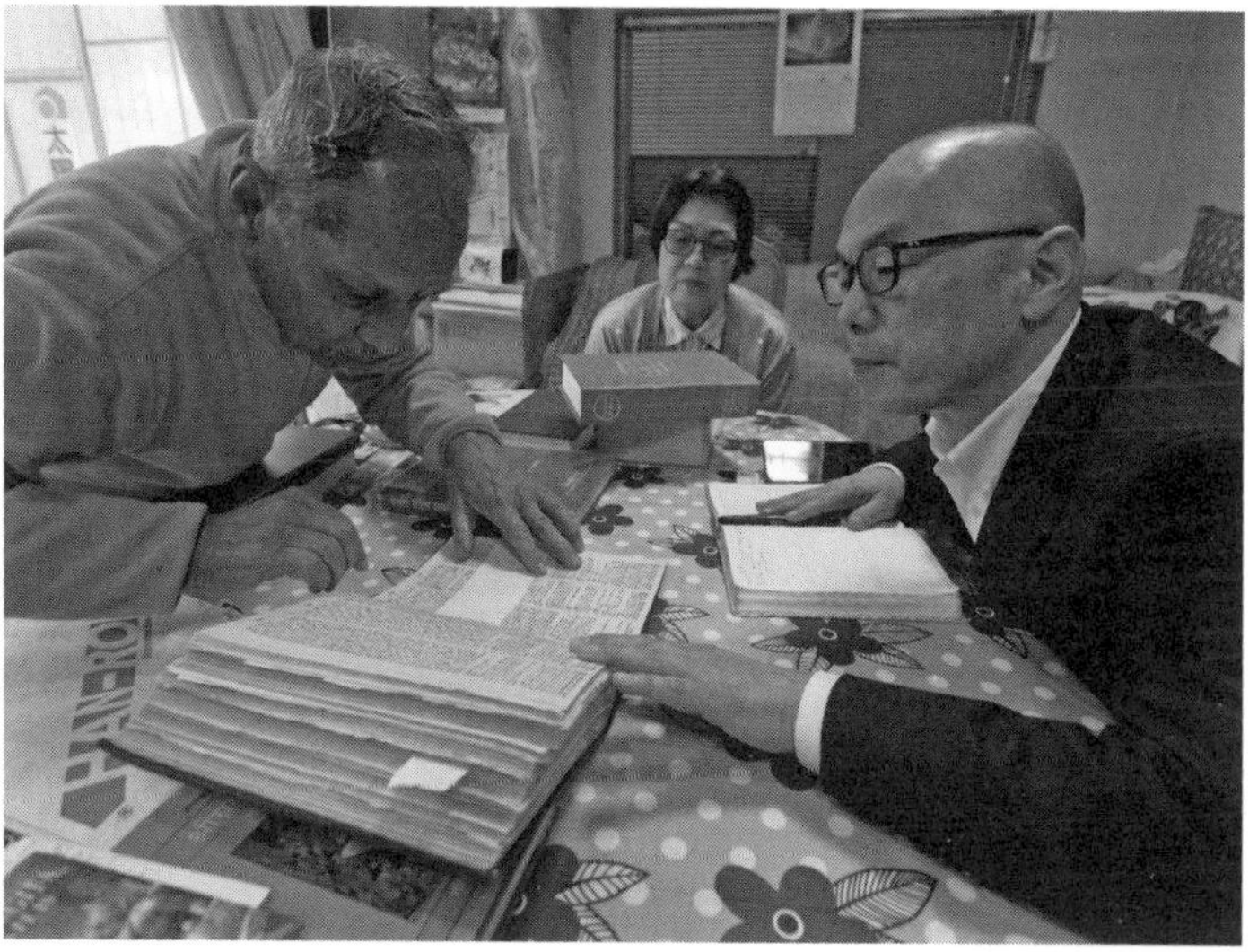

分厚い書物を見ながらヒンドゥー教について説明するハリ・シャンカラ・シャルマさん（左）

さらには日本の寺院のお札など実にバラエティー豊かなものが置かれていた。統一感がないと言えばそれまでだが、どんな神様でも大切にする姿は宗教を異にする人たちからも親近感を覚えられやすいはずだ。

神様からパワーを

シャルマさんの生活について聞くと、朝起きて約2時間、神々に祈りをささげることが生活の基本だという。ベッドの上でさまざまな神々を思い浮かべ、手を見て「神の力はこの中にある」と考える。その後、鼻うがいをし、トイレ、シャワー、さらにたっぷりと時間を掛けてヨガをする。それらすべてに祈りの意味が

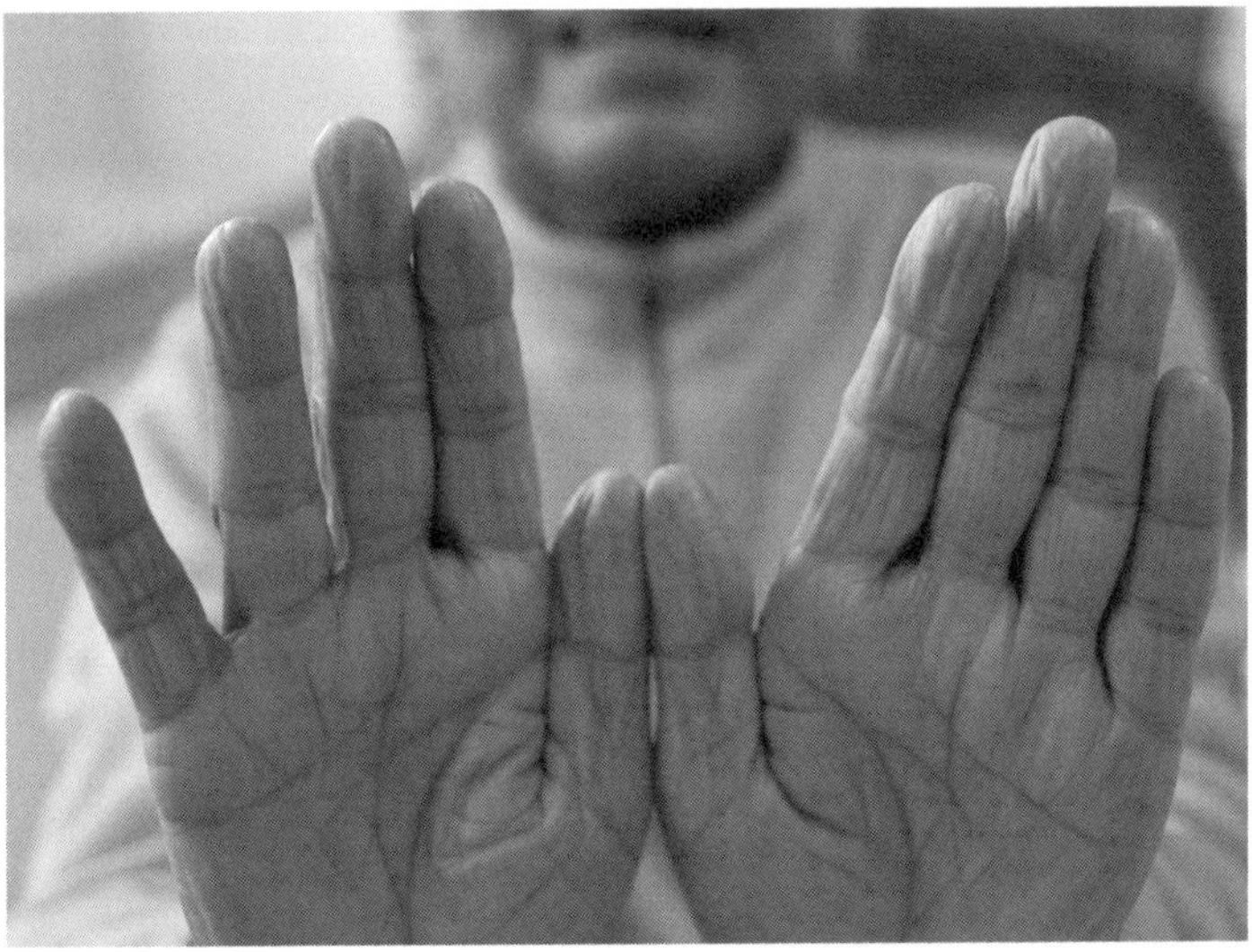

シャルマさんは毎朝手を見つめて神をイメージするという。「手の中に神様の力がすべてある」

あるのだそうだ。「だからほら。元気元気！」。自分の中の神様を見つめることが、パワーをもらう源となっているのだ。

しかし文化の異なる日本で、食事など生活の上での不便や不自由はないだろうか。シャルマさんは「問題ありません」と笑顔だ。ベトナムやノルウェーなど世界中を旅したというが、「どこにいても困らないし、怖くない。ここに神様がいるからびくともしない」と胸をたたく。その寛容さに釈さんも「実におおらかですね」とつられて笑顔になった。

異教徒との関係はどうなのだろう。インドとパキスタンの対立に象徴されるように、ヒンドゥー教徒とイスラム教徒の間には溝があるように感じる人も多いかもしれない。そのことに関して聞くと、シャルマさんは「宗教の違いは、争いとは本来関係のないこと。私自身、20年ほど前に電車のホームから転落した時、イスラム教徒の男性に命を救われた。今でも家族ぐるみで仲良くしています」と力を込める。

ヒンドゥー教について書かれた書物などには、複雑に入り組んだ教えやあいさつ、身だしなみなど生活の細かなルールも書かれてはいる。だがシャルマさんのパワフルな笑顔を見ていると、そうした伝統を尊重しつつ、自身の中に溶け込んだ自然な感覚を大切することも重要なのだろうと感じる。

儀式がつなぐ助け合う精神

日本の関西にも、500人前後のヒンドゥー教徒がいるとされる。東京には寺院があるというが、関西には彼らが一堂に会して祈りをささげるための場所はないそうだ。シャルマさんは「一人ひとりがそれぞれの家でお祈りしているから、信仰の上での問題はない」というが、「やっぱり、ちょっと寂しいです」とぽつり。

神戸にはヒンドゥー教徒らが集うコミュニティーがあり、インド暦の新年などの行事には多くの人たちが集って祈りをささげるという。ほかにも仲間で集まりプージャ（祈りの儀式）や食事をすることがあるといい、「実はちょうど昨日もプージャをしました」。うれしそうにパソコ

友人たちと集まった時の様子を、パソコンで見せてくれた

ンで見せてくれた写真には、友人たちと笑顔で食事を囲むシャルマさんとイナムラさんの姿が写っていた。

「インドではプージャがあるというと必ず仲間たちがみんな集まるし、困った時は自分を犠牲にしてでも助け合います」とイナムラさん。特に、最近の日本と比べて師弟関係がより大切にされていると感じるという。「先生や年配者など知識を持っている人に対して、また知識をいただくことそのものに対して敬意を持つことをヒンドゥーではとても重視します」。イナムラさんはしみじみ言う。「日本で失われつつある大切なものが残っているように思うのです」

インドの雄大な大地に深く根付いたヒ

ンドゥー教。全容をつかむにはその根はあまりに広く、深そうだが、シャルマさんの生き方にその一端を見た。あらゆる人や物に聖なるものを感じ、困った時には互いに支え合うというその姿は、日本人である記者にもどこか懐かしく、心地よく感じられた。（花澤茂人）

★ヒンドゥー教……インドで自然発生的に生まれた文化や信仰を融合した多神教。特定の教祖はおらず、聖典も統一されたものではなく多様。社会的身分制度であるカースト制度も大きな特徴。仏教はヒンドゥー教と同じ土台から誕生したため、生まれ変わりを繰り返すという「輪廻転生」などの考え方は日本でもなじみが深い。インドでは全人口のおよそ8割、約9億7000万人のヒンドゥー教徒がいる。人口ではキリスト教、イスラム教に次ぐ世界3番目の宗教。

釈の眼　ヒンドゥー教

ヒンドゥー教は、古代インドのヴェーダ聖典を基盤として、多様な瞑想方法・身体技法や高度な哲学、そして輪廻や解脱といった特徴的な信仰をもつ宗教である。ただ、ヒンドゥー教を定義づけるのはなかなか難しい。インド文化圏の伝統的な制度・習俗・権威の総体であるからだ。

ヒンドゥー教の神々は、古くから仏教と共に日本へやってきている。中心的な神であるシヴァは、大黒天に姿を変えて祀られている。象頭人身のガネーシャは聖天、学芸の女神・サラスヴァティーは弁財天、ガンジス川の神・クンビーラは金毘羅さんである。このような多様多彩な神々の世界観に加え、深淵な宗教哲学をもち、『マハーバーラタ』や『ラーマーヤナ』などの文学を展開しているのがヒンドゥー教である。

今回お話を聞いたシャルマさんのような汎神論的な信仰も、ヒンドゥー教徒にはしばしば見られる傾向である。以前インドへ行った際、「ヒンドゥー教はインクルーシヴィズム（包容主義）だ」と書いてあるポスターを見た。ヒンドゥー教は異質なものを排除することなく、内包する性格だと言うのだろう。確かにヒンドゥー教は何でも飲みこんでしまうような宗教である。さまざまな信仰を習合させていく。「仏教もジャイナ教も、ヒンドゥー教の一宗派ですよ」と語るヒンドゥー教徒に出遇ったこともある。

また、シャルマさんに、「ヒンドゥー教の〝スヴァ・ダルマ〟(それぞれが、神から与えられた、果たすべき責務があるという教え)は、なかなかおもしろい考え方ですね」と尋ねてみたところ、「そうなんだ。しかし、〝スヴァ・ダルマ〟は決して難しい教えではない。たとえば、ここにある灰皿。この灰皿にも果たすべきスヴァ・ダルマがある。この机にもある。キミにも、キミが果たすべき役割がある。それがスヴァ・ダルマだ」と応答してくれた。日本人の宗教的感性と衝突しない、うまい説明をするのがお上手なようである。

シャルマさんご夫妻も、ヒンドゥー教と日本文化との折り合い点をうまく見つけながら、自らの信仰を大切にしている姿勢が感じられた。また、現在、不自由なく大阪で暮らしているものの、「身近にヒンドゥー教寺院がないのが寂しい」とのことであった。やはり、人間の暮らしには、宗教的な集いの場が必要なのである。

11 韓国キリスト教

大阪・生野に95年、関西最大級の教会

日本全体の在日コリアンのうち、約4割が関西地方に集中しているといわれる。なかでも多くの在日コリアンが暮らす大阪市生野区のコリアンタウンには、今年（2016年）5月に創立95年を迎える韓国系のプロテスタント教会、在日大韓基督《キリスト》教大阪教会がある。最大の「隣人」ともいえる在日コリアンの信仰の場を訪れた。

1世からニューカマーまで幅広い年代が集う

この冬最も厳しい寒波が押し寄せた1月下旬の日曜日。緊張感が漂う朝の教会の礼拝堂にパイプオルガンの音色、賛美歌が響いた。

「すべてのために主の愛を述べよ。すべてのものに主の愛を伝えん」

就任15年、大阪教会8代目の牧師、鄭然元《チョンヨンウォン》さん（61）が「愛がなければ」というテーマで説教する。落ち着いた声で「この世の中で、自分にできることはないかを考える。それが我々ク

リスチャンのなせること」「愛がものさしになって、素晴らしい信仰を持つことができる」などと語りかけた。

参加者はほとんどが在日コリアンだ。1世から4世、ニューカマー、さらには短期滞在者まで、幅広い年代が集まって祈る。左手には聖歌隊が控え、右手には壮麗なパイプオルガン。堂内正面の十字架の上には、引用する聖書の一文や歌詞がプロジェクターで大写しされている。

礼拝は2部構成で、第1部の日本語の部には日本語が得意な信者が約70人。続く韓国語の第2

赤い十字架がそびえる在日大韓基督教大阪教会

日曜礼拝で歌う聖歌隊

部には約170人が礼拝、後方ではイヤホンで日本語の同時通訳を聞く人の姿もあった。1、2部共に若干女性の割合が多い。同じ時間帯には、建物内の別の礼拝室で、教会学校の幼児部から中高科の生徒たちが礼拝している。

在日大韓基督教大阪教会の「80周年記念誌」によると、この教会は1921年、神戸に留学中の神学生と釜山から働きに来ていた姉妹が、大阪の紡績会社「大阪難波摂津紡績」内に祈りの場を開いたことに始まる。現在の建物は79年に完成。「猪飼野」と呼ばれた地域を南北に走る今里筋から、韓国のプロテスタント教会の特徴の一つである赤い十字架が、ひときわ大きくそびえているのが見える。教会員の登録は約600人、中心となる信徒の数は約350人。保育園も併設する関西最大規模の教会になっている。在日大韓基督教は、大阪教会のほかに、東京など全国約100ヵ所に教会を持っている。

鄭牧師は韓国・釜山の出身、神学校で勉強し29歳で来日したニューカマーだ。当初は東京で大手企業の従業員、留学生らが集う教会で牧師を務め、その後、現在の教会に移ってきた。牧師は「地域に仕える、奉仕できる教会を目指しています」と強調した。

「老人大学」や釜ヶ崎での炊き出しなど多彩な取り組み

大阪教会の取り組みは幅広い。10年前から週1回、無料で「老人大学」を開講している。65歳以上なら国籍、宗教を問わず誰でも随時入学可。毎週100人程度が集まり、歌を歌い、舞踊、語学、美術などを学ぶ。受講者のうち、教会の信徒は3割ほどという。

「14、15年前、ある80代の教会の女性が、『毎日話しかけてくれるのはテレビのアナウンサーだけ』と話しているのを聞きました。高齢者のことを考えて、地域のための教会にならなければ、と思ったのです。信じている宗教は関係ありません」。大学の学長でもある鄭牧師は設立のきっかけを語る。

老人大学の開講日、食堂での昼食に同席した。メニューはおでん。食事代は200円。皆で囲む食事の席は会話が弾んでいる。聞こえてくるのは日本語がメインだ。韓流ドラマのロゴが入ったバッグを持っている女性もいる。ある在日3世の男性（76）は「この年齢になると一人になることが多い。ここに来るとみんなと知り合いになれる」、また別の女性は「毎週火曜日が楽しみなんです」と言う。この2人は自らを仏教徒だと語った。

教会は他にも毎月第4月曜日、他の韓国系のキリスト教会と連携し、西成区・釜ヶ崎の「四角公園」で「炊き出し」を実施している。日雇いの労働者が多く集まる町だ。1月最後の月曜日、早朝から6人の大阪教会の女性信徒が、有志で作る拠点「いこい食堂」に集合し、280個の梅干し入りおにぎりと野菜がたっぷり入った味噌汁を作った。別の教会の牧師ら男性2人が一緒だ。炊き出しを待つ列は公園を一周し、隣の西成警察署まで続くほどになっていた。

「おはようございます」「今日は寒いね」「ちゃんともらってる？」などと一人ひとりに声をかけながら、食事をふるまっていく。多くの人はもらったその場で食べ終える。そして、もう一度列に並ぶ人もいる。おにぎりは25分ほどでなくなった。「昔はおにぎりを1000個以上作ったこともあるのよ」と、信徒の一人が教えてくれた。国籍・宗教には関係なく、純粋に困っている人々に手をさしのべたいという思いが伝わる。

人権問題、社会問題に積極的に関わる

奉仕や弱者救済の精神は、マイノリティーの人権問題、社会問題への取り組みにもつながっている。大阪教会は80年代の外国人登録証指紋押捺《おうなつ》問題、就職差別反対など、在日コリアンの人権運動に積極的に関わってきた。鄭牧師はこう話す。「在日の苦しみと共にあることも、教会の大きな役割だと思っています。天国へ行くために信仰の生活を送るだけではなく、それぞれの時代の社会的問題にも目を向けなければなりません。社会に仕えることも教会の目的の一つです」。そして、「社会的弱者を救うのは、イエス・キリストの精神です。在日コリアンは基本的にマイノリティー。韓国では国や政府ではなく、教会が弱者救済を担ってきました」と述べた。

今回、大阪教会の歴史を説明してくれた名誉長老の金勇聖《キムヨンソン》さん(73)は在日2世だ。「植民地・戦後の厳しい時代、同じ民族が集まる魂のよりどころがほしかった。劣悪な労働環境の中で救いを求めた。小さなアパートに暮らしても、自分たちの教会を建てたいと願い、お金を出し合った。在日1世の情熱と信仰心を私たちは受け継いでいます」と設立当初からの教会の存在意義を語った。さらに、「会社の入社試験を受けることもできませんでした。宗教そのものが生き方、人生だった」と往時を振り返った。まもなく創立100年を迎える教会の今後について、「信仰の継承が課題です。教育の問題ですね」と答えた。

日曜礼拝で祈る女性

多くの信徒は以前に比べて、日本社会が暮らしやすくなったと感じている。世代を経るにつれて、日本社会との融和は進んでいるように見える。だが、日韓関係はめまぐるしく変化し、急転する可能性を常にはらむ。今の2国関係はけして良好とはいえず、何かあつれきが生じると、教会周辺がヘイトスピーチの街宣活動にさらされることもあるという。

釈さんは「在日コリアンの方は、韓国と日本の国の都合の間に挟まることになって、どちらからも不利益を被ることがありますね」と鄭牧師に問いかけた。牧師は「その中でも私たちは日本人と仲良くして、共に生きる社会を作るべきだと考えます。乗り越えなければならない問題です」と語った。釜ヶ崎での炊き出しに参加した来日32年の信徒の女性は、「日本にいる方が、信仰心が強くなったみたい」と明るい表情で心情を述べた。（棚部秀行）

★韓国のキリスト教……韓国国内ではプロテスタントが人口の18・3％、カトリックが10・9％。宗教人口は53・1％（韓国統計庁、2005年）。カトリックは1784年、プロテスタントは1884年に布教が始まったとされる。日本統治下の朝鮮半島で起こった「三・一独立運動」の指導者33人中、16人がキリスト教徒だったことが知られている。

釈の眼　韓国キリスト教

「同じ東アジア地域なのに、日本では人口の1％程度にとどまるクリスチャンが、なぜ韓国では30％にも及ぶのか」、これは宗教研究でも取り上げられるテーマである。その理由は複数考えられるが、ひとつには「韓国においては抗日運動の展開とキリスト教拡大とが連動した」という面がある。つまり非キリスト教国である日本への抵抗感、また西欧近代化を目指した社会事情などが背景になっているのである。それと同時に、「反共産主義のメンタリティ」や「軍事政権下での民主化運動」や「高度成長期における都市部への人口流入」などが、韓国キリスト教が大きく展開した要因として挙げられる。いずれにしても、キリスト教が弱者やマイノリティーの支援に尽力してきたことは間違いない。このことはベトナム寺院を訪れた時にも感じた。ベトナム難民たちに集いの場を提供したのは、日本のキリスト教会だったのである。

在日コリアンは、日本と韓国双方の都合の狭間で不利益を被ってきた。この教会はそのような在日コリアン共同体の拠点として機能している。同時に、地域社会にも貢献しており、老人大学の参加者は日本人の方が多いそうである。大阪の生野区は在日コリアンの文化が息づく街として知られている。老人大学に集う日本人たちは、そういう異文化の魅力も合わせて楽しんでいるように見えた。

今回、楊炯春《ヤンソンチュン》名誉牧師（84歳）からお話を聞いた。楊氏はリベラルな心と深い知見をもった人物であった。日本人の正直さと柔軟性を愛し、「キリスト教も、もっと柔軟であるべきだ」と語る。日本におけるキリスト教のあり方に苦言を呈すると同時に、信仰の喜びと神に愛されている幸せを表現してくれた。

今回、日曜日の礼拝に参加して、「礼拝の手法がアメリカのキリスト教会的だな」と感じたので、そのことを楊牧師に告げると、「いやいや、大阪教会は〝いかにも韓国様式の教会〟なんですよ」とのことであった。韓国キリスト教はアメリカからの宣教師の影響も大きかったので、そのあたりはつながっているのだろう。

老人大学講座の終了後は、食事が提供された。我々もご一緒させていただいた。単なるカルチャーセンター的な老人大学ではなく、やはり共食行為を営む宗教の場なのである。食事を共にしながら、楊牧師は「〝老い〟も神の恵みです。だからそれを満喫しようと思います」と笑った。

12 日本人ムスリム

イスラム教に改宗した女性たちの暮らし

結婚や研究をきっかけに、イスラム教に入信する日本人女性たちがいる。同じ信仰でもライフスタイルや食文化など、イスラム圏とは何かと事情の異なる日本。故郷であり「異教の地」でもあるこの国で、ムスリム（イスラム教徒）として生きることを選択した彼女たちの日常をのぞいた。

ムスリムになって得た解放と自由

「イスラームは戒律の多い窮屈な宗教と思われがちですが、私がムスリムになって得たのは解放と自由でした」。2016年3月、神戸市内のマンションの一室でムスリム女性による勉強会が開かれた。読み上げられたのはイスラム学者・中田香織さん（1961～2008年）の講演録。「私も分かります」「戒律が多いのに自由?」「時間厳守のように、日本社会の『暗黙の戒律』の方が厳しい気がします」。日本人ムスリム女性ら3人がちゃぶ台を囲み、くつろぎながら語り合う。

主宰するのは関西のムスリマ（ムスリム女性）互助会「アル・アマーナ」の代表で、神戸市在住の河田尚子さん（59）。国立民族学博物館でイスラム学者・片倉もとこさん（1937〜2013年）の助手を務め、1997年に改宗した。「勉強するうちにイスラームは自分自身と深くつながるものだと確信し、入信を決めました」。普段、頭に巻いたスカーフは首の後ろで止め、長めのシャツを着用する。2000年から月2回程度、勉強会を行い、情報交換や相談の場としている。「仏壇のお供え物を頂いていいか」といった素朴な疑問から、葬儀や結婚に関する悩みまで内容はさまざまだ。

ハラール認証にはこだわらず柔軟に対応

ムスリムは豚肉やアルコールなどの飲食が禁じられ、教義に沿った「ハラール食」を口にする。別の日、河田さんとJR三ノ宮駅近くにオープンしたばかりのハラールショップ「ナフリスタン*」へ向かった。店内には「充実したムスリムライフを日本で過ごしていただけますようにお手伝い致します」と書かれたチラシが置かれ、肉類やインスタントラーメン、菓子、スパイスなどさまざまな食品のほか、女性用スカーフなども販売。ハラール食を提供するカフェスペースや礼拝室を併設している。

日本ハラール協会理事長のレモン史視さん（右）と、夫で同協会理事のレモン柾ブノアさん

初めて訪れた河田さんは「駅前で便利。食材の種類が豊富なのでいろいろ選べていいですね」と頬を緩める。自宅の近所にハラールショップはなく、「キリスト教徒やユダヤ教徒が処理した肉も許される」という教えに従って地元のスーパーで米国産や豪州産の肉を購入することも多いとか。ただ、ハラール認証などにこだわる気はなく、「コーランに根拠があれば状況に応じて柔軟に対応しています。大切なのはアッラーへの信仰心です」と河田さんは話す。

NPOの日本ハラール協会理事長、レモン史視《ひとみ》さん（38）も日本人ムスリム女性の一人。大阪市平野区の事務所を訪ねると、10ヵ月の次女を抱いたレモンさんが出迎えてくれた。改宗ムスリムである日系フランス人の夫との間に3人の子どもがいる。「日本でもムスリムが暮らしやすい環境を整えておくことが親の世代の責任。次世代ができるだけ生活しやすい社会になればと願っています」と話す。

レモンさんが旅行会社の添乗員だった2001年、9・11のテロが起きた。「仕事が減ったり、旅先で嫌な思いをしたり、悪いことと宗教を勝手に結びつけ、当時は『反ムスリム』の雰囲気でした」。その後、転職先のマレーシアでムスリムの友人も増え、コーランに出会った。「運命って何？　死んだらどうなる？　そんな疑問が一気にとけて、神はここにいると確信しました」。27歳の時、入信した。ドバイやパリで暮らし、2013年に帰国。日本で電車やバスに乗る時は、頭を覆うヒジャブを横で結ぶなどしてカムフラージュ的にかぶっている。「すれ違う人からにらまれることもある。そういう人はおそらく『ムスリム＝テロリスト』というイメージを持っているのでしょう。でもいつも思う。この布きれ一枚があなたに何をするんだって。これが武器になるわけでもない。本当にもどかしく感じています」

自身も改宗前はムスリムへの偏見があったと明かす。一部メディアの偏った情報を信じ、『怖いことをする危険な人たち』と何となく思っていました」。レモンさんによると、イスラムという言葉はアラビア語で「平安」を意味する「サラーム」から派生したとされる。「平和が根底にある教えであり、暴力的な要素は一切ありません」

ハラール認証された食品（日本ハラール協会提供）

マレーシアの大学生と日本の高校生との交流会の様子（日本ハラール協会提供）

日本ハラール協会を通して社会の益に

２０１０年、ハラール認証やその支援を行う「日本ハラール協会」を設立した。日本に一時帰国した際、食の不自由さを痛感したことが背景にある。輸出を主な目的に認証をとる国内企業は増え、インバウンド効果で日本でも食のハラール化は進んでいる。「分厚い冷凍肉しか売られていなかった牛肉も、最近薄切りのものが手に入るようになった。私も先日、10年ぶりくらいに家族で焼き肉を食べてとても幸せでした」

ハラール認証は「ムスリムだけでなく、日本の社会全体の利益にもなる」と指摘する。「これまで輸出できなかった国への輸出も可能になり、様々な産業が関われるようになることで、相乗効果を生みやすい」。また留学生や訪日・在日外国人は増加傾向にあり、「食に限らずその人たちを受け入れる環境を整えることが求められている」とも語る。「ハラール認証によって社会が抱える問題の解決に直接的に貢献することもできる。協会の活動を通して社会の益になれれば」と願う。

今後、さまざまな人種や文化が共存できる社会にしていくために、親の世代としてすべきことは何か。レモンさんはその一つに、教育関係者や保護者向けのセミナーの開催を挙げる。ムスリムの友人の中には、忙しく働きながら小学校のＰＴＡ役員をしている女性もいるという。

地域で暮らすムスリムとして、その存在を示すことは子どもたちを守ることにもつながると考えているからだ。

また「交流の場をつくることも大切」と話す。ここ数年で礼拝所は増えたが、「例えば大阪の南部にはモスクがないのでコミュニティーが発展しにくい。市内のアクセスしやすい場所にモスクができれば、情報交換しやすいし、子どもたちにコーランの授業もできる」。その際、屋根瓦と畳のあるモスクが作れたら、ドーム型の造りより街に溶け込めるのではと提案する。「日本のムスリムが増えれば、日本なりの信仰の形が自然と生まれてくる。私はこの国ならではのムスリムのアイデンティティーも大事にしたい」

尊厳を持って女性も生きている

日本ハラール協会では13人のムスリムが働き、礼拝室もある。スタッフの藤田美幸さん（41）はエジプト留学中、現地男性との結婚を機に入信し、14年に帰国した。「幸い職場環境には恵まれていますが、普段は苦労の連続」と藤田さん。それでも周囲の理解に支えられ、「『アルハムドゥリッラー』（神のおかげ）と感謝しながら向上心を持って生きていける」と話す。

4人まで妻を認めるイスラム教について「女性の地位が低い」という見方もあるが、それは誤った解釈だ。「威厳を持って生きている女性はたくさんいる」と河田さんは言う。何より、河田さんやレモンさんの実践がそのことを示しているのではないだろうか。ムスリムに対する理解が遅れている日本で、より生きやすい社会を目指して行動する彼女たちの瞳は輝いてみえた。（清水有香）

＊ナフリスタンは２０１７年に閉店

★日本とイスラム教……日本ムスリム協会によると、日本で暮らすムスリムは推定約10万人で、うち日本人は1万人程度という。イスラム教に入信するのに特別な儀式はなく、ムスリム２人の立ち会いのもと、アラビア語で信仰告白（シャハーダ）するだけでいい。教えの基本となるのが信仰告白、礼拝、喜捨、断食、巡礼の五行。日本人では初めて、１９０９年に研究者の山岡光太郎がメッカ巡礼を果たしたとされる。

釈の眼　日本人ムスリム（ムスリマ）

このシリーズでイスラーム（イスラム教）を取り上げるのは二度目だ。それだけ我々の関心が高い宗教なのであり、日本社会でも身近になりつつある宗教なのだろう。

主宰者の河田尚子さんに入信の動機を尋ねると、「クルアーン（コーラン）の読誦を聞いていて、感得するところがあった」とのことであった。これは宗教性の感度が高い人にしばしば起こる一種の宗教体験である。とても興味深い話である。確かに達者な「クルアーン」の読誦を聞くと、その場の宗教性が一気に賦活する感じがする。

このように「宗教的情感に響く面」があると同時に、イスラームについてのお話を聞かせてもらうと、しばしば「合理性を重んじる態度が強い」といった印象を受ける。今回も、「酒は神への意識を鈍らせるものだからダメ。コーヒーは意識をはっきりさせるものだから、オーケーなんです」という説明を聞いた。この場合の意識とは、神への意識である。解釈の仕方は人それぞれの部分はあるものの、しっかりと根拠づける、説明可能にする、といった態度を重視する。細かいことを気にしないムスリム（男性イスラム教徒）やムスリマ（女性イスラム教徒）も多いそうだが、真摯にイスラム教徒として生きていこうとすれば、日常生活のさまざまな場面をしっかりと根拠づける傾向が強くなると思われる。

つまりムスリム・ムスリマの生活は、時に「この行為はイスラム教的に正しいのか?」という問題が起こるということである。しかし、イスラームの文化土壌に育っていない人は、学びながらそのあたりの感性を成熟させていくしかない。それなのに、日本にはそういう場が少ないのである。河田さんによれば、マレーシアにはＲＩＳＡＰと呼ばれる「イスラームへ改宗した人に教育を行う機関」があるそうだ。

日本において、イスラム教徒としてのしっかりとした基盤を身につけるのは、なかなか難しい。ネイティブのイスラム教徒ではない人ならではの問題もある。河田尚子さんが主宰する集いは、ムスリマたちが日常生活で起こる「問題を共有できる場」を提供しているのだ。日本人ムスリマにとって実に貴重な場だと言える。

とにかく、「きちんとした教えを学ぶ場が少ない」は、異教の隣人シリーズでいつも出てくる問題である。規模は小さいが、河田さんの活動は大きな存在意義をもっている。

III

13 ブラジル教会

ハレルヤ！の声が響く元倉庫の教会

日本に暮らす外国籍の人々のうち、中国、韓国、フィリピンに次いで多数を占めるのがブラジル出身者だ。多くは日系移民にルーツを持ち、日本の製造業を支えている。２００８年のリーマン・ショックを経て減少し、15年末現在で約17万３０００人。製造業の盛んな群馬、静岡、愛知、岐阜、三重、滋賀などに集住している。

約１６００人が住む滋賀県長浜市には、彼らが集まるキリスト教会がいくつもある。日本に出稼ぎに来た義兄弟によって１９９３年に設立された福音主義の教団「ミッション・アポイオ」の教会も、その一つだ。

三木英さんの紹介で、２０１６年春、日曜日の礼拝を訪ねた。

「♪カム！　ありのままで主に　カム！　礼拝捧げます」。

元貸倉庫をリフォームした教会の2階は、ライブ会場のような熱気に包まれていた。信者たちによる生バンドの演奏に合わせ、４人の女性がポップス調の賛美歌を歌い上げる。年配の男性、赤ちゃんを抱いた女性、小さな女の子、みんな体を左右に揺らして声を合わせる。その最

礼拝スペースのステージでポップス調の賛美歌を演奏する信者ら

声を合わせて賛美歌を歌う信者たち。右手前の男性が教会を率いるカネグスケ牧師

前列ではカネグスケ・セルジオ牧師（41）が拳を突き上げている。いつの間にか釈さんも手拍子でノリノリだ。4曲の熱唱が終わると、部屋じゅうに大きな拍手と「ハレルヤ！」の声が響いた。

2003年開設の教会は、国道8号沿いの、大型家電量販店やアパートが並ぶ一角にある。毎週日曜日の午前に礼拝があり、長浜市や周辺に住むブラジル人やペルー人ら約50人が通う。賛美歌や説教は基本的にポルトガル語で行われ、時折、日本語やスペイン語も交じるという。

教会は心の病院、礼拝は心の車検

カネグスケ牧師が信者の方を向き直り説教を始めた頃、1階では5〜10歳の子ども向けの教室が開かれていた。この日集まっていたのは9人。教会に集う大人たちが交代で先生役を務め、易しいポルトガル語でキリストの教えを伝える。

教室のリーダーで来日28年になる山本淳さん（46）は「子どもたちは日本の学校に通い、普段から日本語で話すが、その親はポルトガル語しか話せない。家でうまくコミュニケーションがとれないという話をよく聞く」。教会は、語学教室の役割も果たしているのだ。

それでなくても、親たちの多くは長時間労働の仕事に就いており、寂しい思いをしている子どもは少なくない。「あの子、落ち着きがないでしょ。家でもそう」。イライラしたり暴れたり

教会内の教室で聖書の話に耳を傾ける子どもたち

と様子が気になる子には、大人たちが「何かあった?」と声をかけ、時にはしかったりもする。「親が話を聞いてくれない」「両親が別々に寝ている」などと悩みを打ち明けられることも多い。

親を呼んだり、学校に事情を聞きに行くこともある。三木さんが「みんなで育てる、というのがいいですね」とうなずく。「家族が壊れると、何もかもだめになる。悪い街になる。私は、教会は心の病院だと思っている」と山本さんは話す。

2階に戻ると、牧師の話がクライマックスを迎えていた。「私たちを救うためにキリストは苦しんだ。私たちも同じことをやれるじゃないか。どんなに苦しくてもあきらめるな!」。言葉がどんどん熱を帯びていく。「ハレルヤ！　ハレルヤ！」。拍手が起こり、感極まって涙ぐむ人や、隣と肩を抱き合う人もいる。

「神のみ言葉を聞くと、やり直せる、もっと先を見られる、と思う」。山本さんにとって、礼拝は「心の車検」のようなものだ。「オイル交換してリフレッシュして、また1週間頑張ろう、ってね」。礼拝スペースの壁面には、涙をぬぐうためのティッシュペーパーの箱がいくつも備え付けられていた。

信仰は表現しなければ意味がない

礼拝を終えた信者たちに交じり、1階のカフェスペースで昼食をごちそうになった。料理は信者たちがボランティアで腕を振るう。

説教台を降りたカネグスケ牧師は、さっきまでとは一転して物静かな印象だ。礼拝で音楽が大きな要素を占めている訳を釈さんが尋ねると、「信仰は表現しなければ意味がない。手拍子や歌で神への感謝を表現し、それがまた信仰を強くするのです」と説明した。はじめの頃は、大きな音に驚いた近隣住民から苦情が出たりもしたが、ボリュームを下げたり、積極的に地域とコミュニケーションを図ったりして、徐々に受け入れられていったそうだ。

牧師は沖縄にルーツを持ち、18歳で家族と一緒に来日した。「目的も夢もなく、経済的な事

牧師や信者たちの話を聞く釈さんと三木さん

情でした」。広島のジーンズ生地工場で3年働いたのち、いったんブラジルに帰国し、結婚して再来日。元々は熱心なキリスト教徒ではなかったが、97年に広島のミッション・アポイオの教会を訪れた。「心に穴があったから」。出稼ぎでお金は稼げても、もっと必要な何かがあると気付いたという。勉強して牧師になり、今はここ長浜と東近江の教会を受け持つ。

「心が満たされない」という悩み

近隣のブラジル人たちからは、ひっきりなしに相談が持ち込まれる。子どもの問題、夫婦の不和、失業、経済的な苦境。「でも一番多いのは、『何も自分の心を満たしてくれない』という悩みです」

信者の一人、山下カシオさん（21）は、親に連れられ3歳で来日した。10代半ばの数年間は荒れていたという。赤いモヒカン頭、顔じゅうにピアス。毎日のように夜遊びに出かけ、親ともめったに顔を合わせなくなった。「でも、みんなと遊んでいる時は楽しいけど、夜中に自転車で一人で帰る時に『なんでこんなことしているんだろう』と寂しくなった」

17歳の時、友人の誘いで教会のイベントに参加し、「神様に呼ばれた気がした」という。14年に結婚した妻アリネさん（26）ともここで出会った。昔の遊び仲間から「いつ戻ってくるんだ」と聞かれることも多いというが、山下さんは「もう戻らない」と笑った。

教会で話を聞かせてもらった人たちから、「心」という言葉を幾度となく聞いた。「外国人だから、異国に暮らしているから信仰を求めるわけではない」とも。人が生きる上で何を必要とするのか。答えの一つを見た気がした。（中本泰代）

釈の眼　ブラジル教会

ミッション・アポイオは、日本で暮らすブラジル人コミュニティーから歩みが始まった。伝統的なペンテコステ派の流れを汲むために、聖霊の働きを重視するようだ。以前、友人の牧師さんに「今、ペンテコステ系の教会が一番元気あるよ」と聞いたことがある。なるほど、長浜の教会も若々しくアクティブな印象を受けた。ペンテコステ派は20世紀初頭にアメリカで始まった教派で、その中心となってきたのは労働者移民などのマイノリティーであった。

初期のペンテコステ派は、「使徒言行録」に記されている聖霊降臨（五旬祭の日、使徒たちの上に聖霊がきたという出来事）を重視し、聖霊に満たされるような宗教体験に大きな意義を認める傾向が強かった。キリスト教学の川島堅二氏によれば、「ラテンアメリカでは、ペンテコステ派教会は政府に歓迎されてきた。その成長はローマ・カトリック教会の政治力を弱める力になるからである」（『世界宗教百科事典』）とのことである。日本でミッション・アポイオが誕生する背景には、このような南米の宗教事情も関係しているのであろう。

ラテンアメリカ風の音楽にのせて、カネグスケ牧師が説教の中で「兄弟たち！　ひとりで苦しまないでください！　ひとりで悲しまないでください！」と呼びかける。それに対して皆が大きく身体を揺らし、両手を挙げて応える。歌と説教で繰り広げられる日曜日の礼拝は、つながりを実感できる様式となっている。これが南米スタイルの礼拝なのだろう。

このシリーズではいつも「日本で信仰をもち続けるために、どんな苦労がありますか？」と尋ねる。今回も聞いてみたが、「特段ありません」とのことであった。これも日本生まれの教会だからかもしれない。

長浜で暮らすブラジル人たちのほとんどは、「できればずっと日本で暮らしていきたい」と考えているそうである。街もきれいで、治安もよく、暮らしやすいとのことだ。「このまま日本で暮らしていきたいのだが、教育や子育てに不安がある。次世代にもブラジルの言葉や文化を伝えていきたいから。でもそういう学校も機関もない。教会はその部分を担当してくれる」といった思いを語る人もいた。コミュニティーの核には宗教性が必要であることを再認識した一日であった。

14 華僑

民間信仰と先祖供養の拠点

中国や台湾にルーツを持ち、日本で暮らす華僑たち。神戸は横浜などと共に歴史的に多くの華僑が根付いている地域で、日本社会に溶け込みながらも故郷の信仰や先祖供養の習慣を大切に紡いでいる。彼らの祈りの場を訪ねた。

異国情緒あふれる門をくぐって石畳を進むと、堂々たる本堂が見えてくる。黄色の瓦、屋根の上でにらみ合う青い竜。「すごく良い雰囲気の建物ですね」。兵庫県庁から西へ５００メートルほどの場所にある関帝廟《かんていびょう》（神戸市中央区）を訪れた釈さんが声を上げる。

関羽は三国志の英雄。信義に厚かったとされ、中国では信用を重んじる商人らに広く信仰される。神戸の関帝廟は１８８８年に建ち、華僑らの葬儀の場や、伝統行事の拠点となってきた。特に祖先を祀る８月の「普度勝会《ふどしょうえ》」は神戸市の地域無形民俗文化財にもなっている盛大なお祭りだ。死者があの世で住むための豪華な住居を表す「冥宅《めいたく》」を紙や竹ひごで作って炊き上げるなど、独特の行事が大切に続けられている。儀式は、江戸時代に中国から伝わった黄檗宗の

関帝廟の本堂内部には向かって左から媽祖、関羽、観音菩薩が祀られる

僧侶が担当するという。

歴史や習慣を次世代に伝える

取材に訪れた2016年4月29日は本堂で関帝の脇に祀られる「媽祖《まそ》」の誕生日。「天后聖母」とも呼ばれ、航海の守り神として中国南部の沿海地域などで信仰を集める女神だ。堂内には油揚げや湯葉、キクラゲ、鶏肉などの供え物が入った小さな朱色の器が並び、参拝者が続々

福建同郷会の林文明理事長（左）から関帝廟の歴史を聞く釈さん

と線香を供えている。

「宗教的なことは僕も昔お年寄りから聞いただけで詳しくないのですが」。中国・福建省などにルーツを持つ華僑らでつくる「福建同郷会」理事長で、神戸で生まれ育った2世、林文明《りんぶんめい》さん（74）はそう笑う。日本人と同様に菩提《ぼだい》寺を持ち自宅に仏壇を置く華僑も多いが、何か行事があると関帝廟に集うという。「ここは仏教の寺とも言い切れないし、道教という意識もあまりない。『私たちのお寺』とでも言いましょうか」

神戸の華僑の歴史は１８６８年の神戸開港と同時に始まる。開港以来、華僑たちは貿易商や料理人などとして街の繁栄を支える一方で、戦時中はスパイ容疑を掛けられるなど弾圧も受けた。そんな中で関帝廟は空襲などで焼失や損壊を繰り返しながら、その都度有志の寄付で復興し、華僑たちの喜びや悲しみの歴史を見守ってきた。「次の世代に信仰や習慣、先人の苦労を伝えていくために、こういう場所は本当に大切ですね」と釈さん。林さんも「そう思います」と深くうなずく。

本堂で礼拝を繰り返す中年女性がいた。林さんは「熱心ですな。新華僑の方でしょう」。華僑社会では、中国政府が改革開放政策を打ち出した1970年代後半以降に来日した人たちを「新華僑」、それ以前から暮らす人たちを「老華僑」と呼ぶ。老華僑の林さんは「新華僑のお参りは本場仕込み。日本文化の中で育った僕らが学ぶことも多い」。関帝廟は、異なった立場の華僑同士をつなぐ場にもなっているようだ。

昼ごろにはお供え物が下げられ、近くのマンション1階にある福建同郷会の共同スペースで食事が振る舞われた。食事を共にすることで、仲間たちとの絆も深まるのだろう。

清明節の墓参りで先祖を思う

「祈り」を通じて華僑のつながりを感じる場は関帝廟に限らない。

4月3日、神戸で生まれ育った2世、林《りん》正茂さん（65）の案内で、華僑の共同墓地「神阪中華義荘」（神戸市長田区）を訪れた。「二十四節気の一つである『清明』の前後に一族で墓参する

共同墓地「神阪中華義荘」で弁当を囲む家族連れ

習慣があります。日本のお盆やお彼岸のようなものです」と林さんが教えてくれる。

ちょうど桜が見ごろを迎えている墓地の正門を入ると、「清明節」と書かれた赤いちょうちんやのぼり旗が並び、なんだかお祭りのような陽気さだ。正門の目の前にある「礼堂」の中には、釈迦如来や地蔵菩薩などの「仏像」や、「福徳正神」という中国独特の神様がまつられている。日本人のお坊さんの姿を見つけ話を聞くと、浄土真宗本願寺派のお寺の住職。寺が近くにある縁で4年ほど前から中華義荘などで儀式を担っているという。まったくの異文化のようでいて、長い年月の中で日本的なものが自然に折り合っ

引き取り手の見つからない遺骨が収められた古い木箱が並ぶ遺徳堂の内部

ていることを感じる。

段々畑のように広がる墓地を歩いた。日本でも一般的な方柱形の墓石が多いが、碑文の文字を金色に塗っている墓もあり、ややにぎやかな雰囲気だ。棺おけのような形にレンガで囲まれているものは土葬墓だという。「火葬されることを嫌がる華僑もいました」。大きな聖人像が立っているキリスト教徒のものと見られる墓や、阪神大震災で亡くなった華僑や留学生たちの慰霊碑もあった。宗教や境遇が違っても、ここではルーツという共通点で結びつき、穏やかに共存しているようだ。

あちこちで煙が上がっているのが気になった。「金紙や銀紙という、あの世で使うお金を燃やしているのでしょう」と林さん。神様やご先祖へのお供えの一種として、墓前で燃やすのだという。「おばあちゃん、今、お金振り込んでるよ」「いっぱい使ってね」。そんなユーモアを交えた声が聞こえてくる。

また、墓前でお供えにしては豪華な弁当を広げ、その場で取り分けて食べている人たちも多い。満開の桜の下、まるで花見のような光景だ。家族でお参りに来ていた神戸市灘区の男性（59）は神戸育ちだが、ルーツは福建省。鶏の唐揚げや卵焼きを食べながら「ご先祖様は心の中では生きている。こうして一緒に食事をし、思い出すのです」と話す。子どもたちも連れて来ることで、自身のルーツに興味を持ってもらい、思いを受け継いでいってほしいと願っているという。日本という異国の地で没した祖先を大切にする思いが伝わってくる。

先人への祈りが力強さの源に

帰り際、正門近くの階段の左右にある建物が人々でにぎわっていた。林さんに導かれて中に入ると、棚が並び、それぞれの区画ごとに遺影や骨壺、お供え物が並ぶ。「お墓のアパートのようなものです」。その少し上には、「遺徳堂」と書かれた古い建物があった。こちらの棚には先ほどのお堂のように整然とした区画はなく、骨壺が収められている古い木箱が並んでいる。名前が書かれたものや、古い顔写真が貼り付けられたものも。遺族と連絡が取れない遺骨を納めているのだという。

かつては、日本に移り住みながらも、死後は遺体を祖国に埋葬してほしいと願った人が多くいたという。「このお堂の中には、そう願いながらもいつの間にか遺族が所在不明になってしまった方たちの遺骨も含まれています。いつ遺族から連絡が来てもお参りできるように整理はしているのですが」と林さん。彼らの願いがかなう日が、いつか来るのだろうか。

林さんが「落地生根《らくちせいこん》」という言葉を教えてくれた。故郷を離れた土地で根を下ろす、華僑の生き方そのものだ。「自分は99％神戸っ子だと思っています。でも、残りの１％を大事にしながら、これからも両方の架け橋となれるように生きていきたい」。先人への祈りが、過去だけではなく未来も見つめ、前向きに生きる華僑たちの力強さの源になっているように感じた。

（花澤茂人）

★神戸の華僑……１８６８年の開港と同時に多くの中国人が神戸に移住し、華僑社会を形成。神戸市によると２０１６年３月末現在、市内に住む中国・台湾籍の人は１万３７５２人で、全外国人の約３割。多くは台湾や、福建省など中国南部がルーツ。日本国籍を取得する人も増えており、世代交代や日本人との結婚などで華僑社会そのものが変化しつつある。

釈の眼　道教

やはり宗教施設や祭礼は〝行為様式のアーカイブ〟である。そのことを再認識した。

神戸にやって来てすでに3世代・4世代を経た人々は、自分たちのルーツである中国南部の信仰や文化が希薄になりがちだ。しかし、関帝廟が「記憶装置」となって、故郷のエトスを保持している。関帝廟があることで、礼拝の作法が保持され、祭礼のお供えの食事（つまり中国南部の料理）が次世代へと伝わる。先祖への思いや感謝といったマインドも伝えられていく。

関帝廟は、宗教の分類で言うと道教ということになるのであるが、理事長の林文明さんが「仏教の寺とも言えず、道教という意識もない」と語ったように、民間信仰が結集した面をもつ。道教では、すべての根源である「道《タオ》」から生じる「気」の働きによって、この世界が成り立っていると考える。中国における各時代や各地域の民間信仰が織り込まれ、神仙思想・山岳信仰・養生術・巫覡《ふげき》などが混入しており、その姿は多様である。「道」と一致した生活を送ることで真の自由と救済を追求する信仰・思想、それは「道の教え」「老子の教え」として儒教や仏教と共に並立してきた。老子を神格化した太上老君や、元始天尊、太上道君などへの信仰がある。

ここでは関羽と媽祖への信仰が二本柱となっているようだ。どちらも中国南部にルーツをもつ華僑の間でよく祀られる神々だ。現在の福建省あたりを含めた中国南部から、この列島へとやって来る人たちの歴史は古い。いくつかある日本人のルーツのひとつであろう。

関羽（関帝）は神格化された武将である。忠義と信頼の人というイメージから、商業関係で篤く信仰される。道教の枠を超えて、儒教や仏教の護法神としても祀られており、幅広く信仰されている神さまである。関帝は扶乩《ふけい》と呼ばれる卜占《ぼくせん》においても、降臨する神として活躍する。

一方、媽祖は航海の守護神であり、海に面した地域での人気が根強い。10世紀の福建省に実在した巫女であるとも言われている。そのため福建の人々を中心として、強い信仰を集めている。

この二神、いかにも神戸の気風とぴったりではないか。いずれもまさに海洋民系の信仰である。神戸の関帝廟では、今なおニューカマーである新華僑がやってくる。そしてその都度、行為様式が強化される。関帝廟があるからこそ起こる事態なのである。

15 ムスリムと衣服

高まるファッションへの意識

頭を覆うヒジャブをつけ、ゆったりとした長衣をまとうムスリム（イスラム教徒）の女性。「ヒジャブは女性抑圧の象徴」と捉えられがちだが、ムスリムにとっては生活に根付いたファッションでもある。彼女たちは普段、どんな風におしゃれを楽しんでいるのか。関西で暮らすムスリム女性たちに服装のルールやそれぞれの着こなしについて語り合ってもらった。

着物にヒジャブをつければムスリム服に

「この桜の柄、かわいい～」「和風のテイストが新しい！ きれいだし、おしゃれ」。着物をリメイクした長衣やヒジャブを前に歓声があがる。いずれも、ムスリム向けの衣服を手がける国内メーカー「ふく紗」（松山市）の試作品。座談会に参加した6人のムスリム女性はそれぞれ気に入ったものを手にとり、着心地を確かめたり写真を撮りあったりしている。「ふく紗」のムスリム服は伝統的な和素材を使った多様なデザインと通気性の良いシルク素材が売りだ。「日

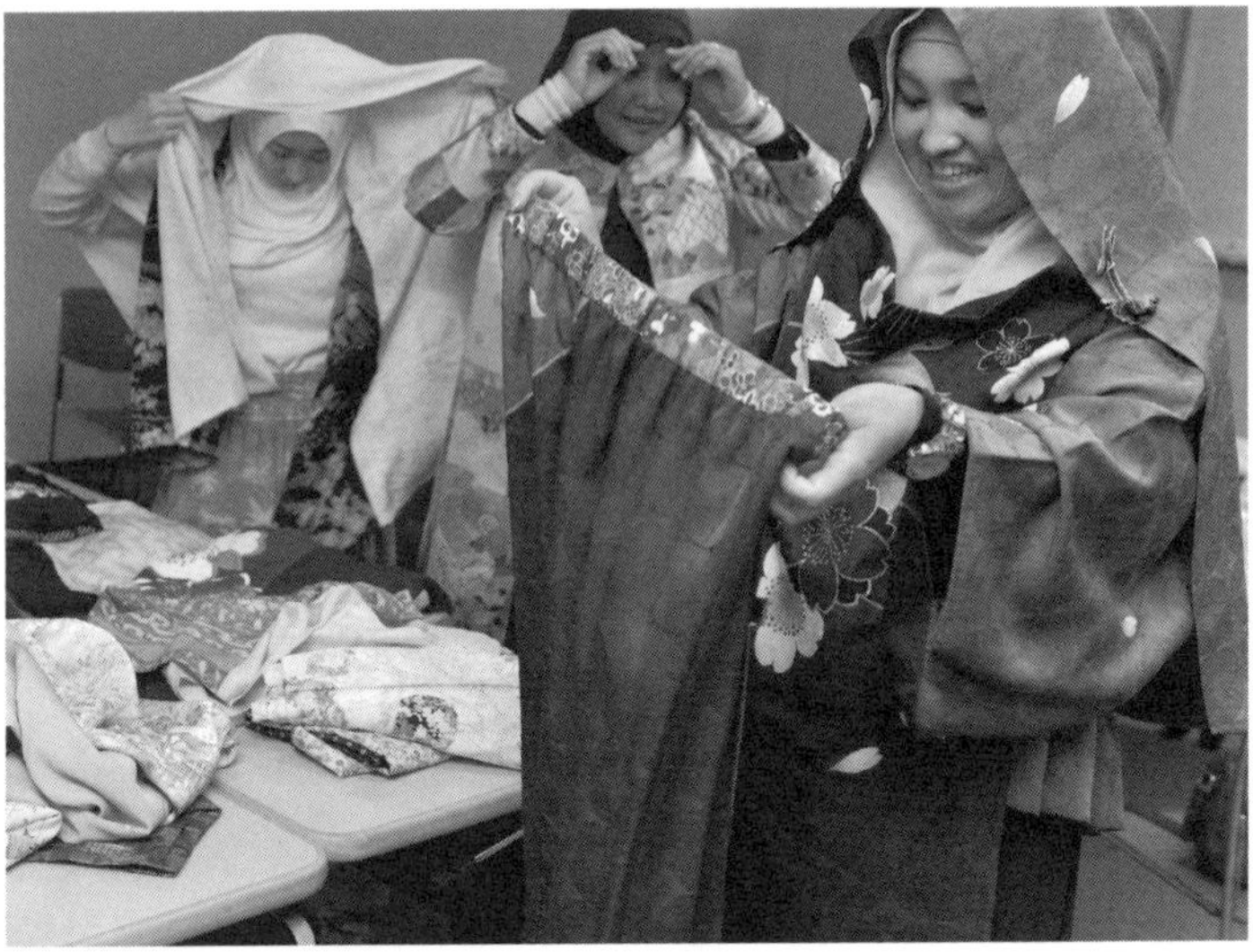

桜の柄のヒジャブなどを試着するムスリム女性たち

本の着物は全身を隠すので、ヒジャブをつければムスリム服になると考えました。デザインも豊富で、1000着作れば1000通りの柄ができる。オンリーワンのムスリム服です」。伊東信二社長の説明に、みな熱心に耳を傾けている。

参加者のヒジャブはピンクや紫など色鮮やかだが、無地のものばかり。インドネシア出身で、来日4年目の大阪国際大4年、ハリマ・ムラビさん（30）は「ヒジャブに合わせて服を選ぶ」と話し、柄が無い方が使いやすいと説明する。「無地だと着物の良さを表現しづらいので、和柄を取り入れたい。着物の帯のような感覚で、いろんな素材や柄を楽しんでほしい」と伊東社長。「避けた方が良い柄は?」と伊東社長が質問すると、「アッラーが唯一の創造主。動物が描かれた服はだめという考えもある」との意見も。また、「日本にはわびさびの精神があって、黒や紺など比較的落ち着いた色も好まれる。インドネシアではどうですか?」との質問には、「年中、夏のような気候なので、明るい色の方が人気がある」との声があがった。

動画サイトでヒジャブの巻き方を公開

ヒジャブの形も様々だ。「私の周りではインスタントヒジャブが人気」と話すのは、インドネシア人の父を持つ橋本ゆいさん(24)。穴の開いたヒジャブのことで、そこから顔を出せばあとはぐるっと巻いてピンで止めるだけの手軽さがある。礼拝前に体を清める「ウドゥー」の際も着脱しやすく便利だという。巻き方は地域や好みにもより、最近は自己流の巻き方を動画投稿サイトで公開する人も多いとか。「たまに見て参考にしています」とハリマさん。インドネシアでは一枚300円程度で購入でき、「日本には50枚、実家には100枚くらいある。毎年流行の色が変わるからたくさん持っていたい」。スカーフやストールで代用することもある。

ムスリム女性でもヒジャブを身につけない人は意外と多いという。橋本さんも、留学先のドイツでイスラム教について学ぶまでつけていなかったと明かす。「勉強が足りていなかった。教えを学ぶにつれて神様の目を意識するようになった」と橋本さん。一方、「ヒジャブをつけていない人や普通の格好をしている人でも信仰心の強い人はいる。外見だけではかれない」という声も。「信仰とは自分と神との相互理解。誰になんと言われようと、自分の心が大事なのでは」との意見に、みな納得の表情を浮かべた。

ファッションを通じた友好関係を

「日本の服は派手すぎず、カジュアルに着こなせるから好き」という橋本さんは、昨今流行の「スカンツ」がお気に入りだ。一見スカートにみえるパンツで「バイクに乗るのにも便利です」と笑う。２０１５年に来日したインドネシア出身の関西国際大3年、ナビラ・クォニタさん(22)も愛用者の一人。「値段も手頃なので、ＧＵやユニクロでまとめ買いしました」。一方で「カーディガンは生地が薄くて肌がすける服が多い」と残念そう。日焼け対策で売られているアームカバーは手首まで隠れるので重宝しているという。

「ふく紗」は14年末にムスリム向け商品の開発を始めた。「衰退する日本の伝統織物の素材を生かした特別な服で、巨大なムスリム市場を開拓したい」と伊東社長。「ファッションを通じてムスリムと日本の友好関係を築きたい」とも語る。インドネシアでさまざまなリサーチを行い、現地のファッションショーに参加した経験も持つ。着物地のヒジャブをカジュアルに身につけられるスタイルなどを提案し、一定の手応えを得た。「一番の壁は価格」といい、一着8

ユニクロの 2016-17 秋冬コレクション展示会に並んだハナ・タジマさんの新作

～15万円という値段をいかに抑えるかが課題だ。

国内の大手メーカーでは、ユニクロも15年春から東南アジアでヒジャブなどを販売。ムスリムのデザイナー、ハナ・タジマさんと提携し、16年6月から日本でも商品が並ぶ。「あらゆる人への敬意と慈しみを忘れないコンフォートウエア」として売り出し、あえて宗教色は出していない。光沢感のあるロングワンピースやドレープが美しいチュニックなど、どれも洗練されたスタイリッシュなデザインで魅力的だ。「より控えめな美を表現できる日常着を探りたい」とハナさんは説明する。

神様が男性の目から守ってくれる

今や日本でもヒジャブ姿の女性を見かけることは珍しくなくなった。「日本に来た当初は周囲の目が気になったけど今は違う。ヒジャブをつけなかった場合、男性に見られる方が気になる」とナビラさん。「露出の多い女性が道を歩いていると、それを見るだけでこちらが恥ずかしくなる」と明かす。教えを守りながら服を選ぶのに苦労はないのだろうか。単刀直入に尋ねると、橋本さんらはそれを否定した上でこう答えた。「肌を隠すことで神様が男性の目から守ってくれるという安心感が大きい」

衣服には「身体を保護する」という機能的な役割がある。頭を覆うヒジャブも体のラインを隠す長衣も、彼女たちを「抑圧」するのではなく、ムスリムとして生きる女性たちの尊厳を大切に守っている。素直におしゃれを楽しむ彼女たちは、慎み深さを大切にするイスラム教徒としての誇りを抱いているのだ。（清水有香）

★ムスリムとファッション……15年に発足した日本ムスリムファッション協会の理事を務める野中葉・慶應義塾大講師（インドネシアの地域研究）によると、ムスリム女性の服装に関しては大まかに、①アウラ（顔と両手以外）を隠す、②体の線を見せない、③肌が透けない——のルールがある。その根拠として「ベールを胸の上に垂れなさい」「長衣を纏うよう告げなさい」という聖典コーランの記述を挙げる。ただしその記述をどう運用するかは時代や地域、イスラム教徒によってさまざまな形があるという。

世界最大のムスリム人口を抱えるインドネシアでは、90年代末の民主化後の経済発展で国民の所得が増え、おしゃれにお金をかけられるようになった。「そもそも民主化する以前、インドネシアの女性がベールをつける率は圧倒的に低かった。ファッションへの意識は民主化とともに高まったといえます」。2000年代後半以降、モデルやデザイナーら若い女性が積極的にムスリムファッションを提案するような動きも見られ、国を挙げてファッション産業の発展に取り組むようになったと指摘する。

今日では世界的なブランドがムスリムファッション市場に乗り出すなど、イスラム教徒を対象にしたグローバルなビジネスが展開されている。「それによってイスラム社会やムスリムへの関心が高まればいい。ムスリムのデザイナーたちのビジネスも広がるのではと期待できる」と野中さん。協会の活動について「身近なファッションを通じてイスラム社会への偏見をなくしていきたい」と話した。

釈の眼　ムスリムと衣服

宗教という領域において、服装は重要な要素である。聖職者が着るための衣装であったり、儀礼用の衣装であったり、また同じ信仰をもつ人々が共有する衣装であったり、民族衣装の源流が宗教であったり、宗教と衣文化は密接なのだ。

今回のムスリマ（女性イスラム教徒）座談会に参加して、ムスリマの矜持と感性に触れることができた。彼女たちに「服飾を選ぶ時、誰の眼を一番気にしますか?」と尋ねたところ、すぐに「神さまです」との返答があった。家族の眼より、異性や同性の眼より、まず神さまの眼を意識する。なにより神さまと自分との関係を第一とした上で、自らの感性を表現し、ファッションを楽しむのである。

また、日本のような非イスラム圏で暮らす場合、同じ様式の服装を着用しているムスリマ同士の一体感を感じることもあるに違いない。服装が着用者自身の内面に及ぼす影響は大きい。

今回はヒジャブの話題となった。ヒジャブは、アラビア語で「覆うもの」を意味する言葉で、頭髪を覆うヴェールである。世界中、多くの地域で用いられている。身体を覆うものとしては、他にもイラン系で使われるチャドル（顔だけ露出して、それ以外は全身を覆う服装）や、サウジアラビア系で使われるニカブ（眼だけが露出していて、それ以外の全身を覆う服装）や、アフガニスタン系で使われるブルカ（眼の部分も網状になっていて、すべて覆われている）などもある。『クルアーン（コーラン）』には、女性の服装に関して次のように述べられている。「これ預言者、お前の妻たちにも、娘たちにも、また一般信徒の女たちにも、（人前に出る時は）必ず長衣で（頭から足まで）すっぽり体を包みこんで行くよう申しつけよ。こうすれば、誰だかすぐわかって、しかも害《あだ》されずにすむ。まことに、アッラーは気のやさしい、慈悲深いお方」（第33章「部族連合」59）。

実は女性だけではない。次のような記述もある。「お前（ムハンマド）、男の信仰者たちに言ってやり、慎みぶかく目を下げて、陰部は大事に守って置くよう、と。その方が自分でもずっと道にかなう。アッラーは誰のしていることでもすっかりご存知」（第24章「光」30）。つまり、男性も必要以上に肌を見せないようにと説かれているのだ。実際、暑い季節でも長袖・長ズボンという服装のムスリムは少なくない。

イスラム教のモスクに 行きました

細川 貂々

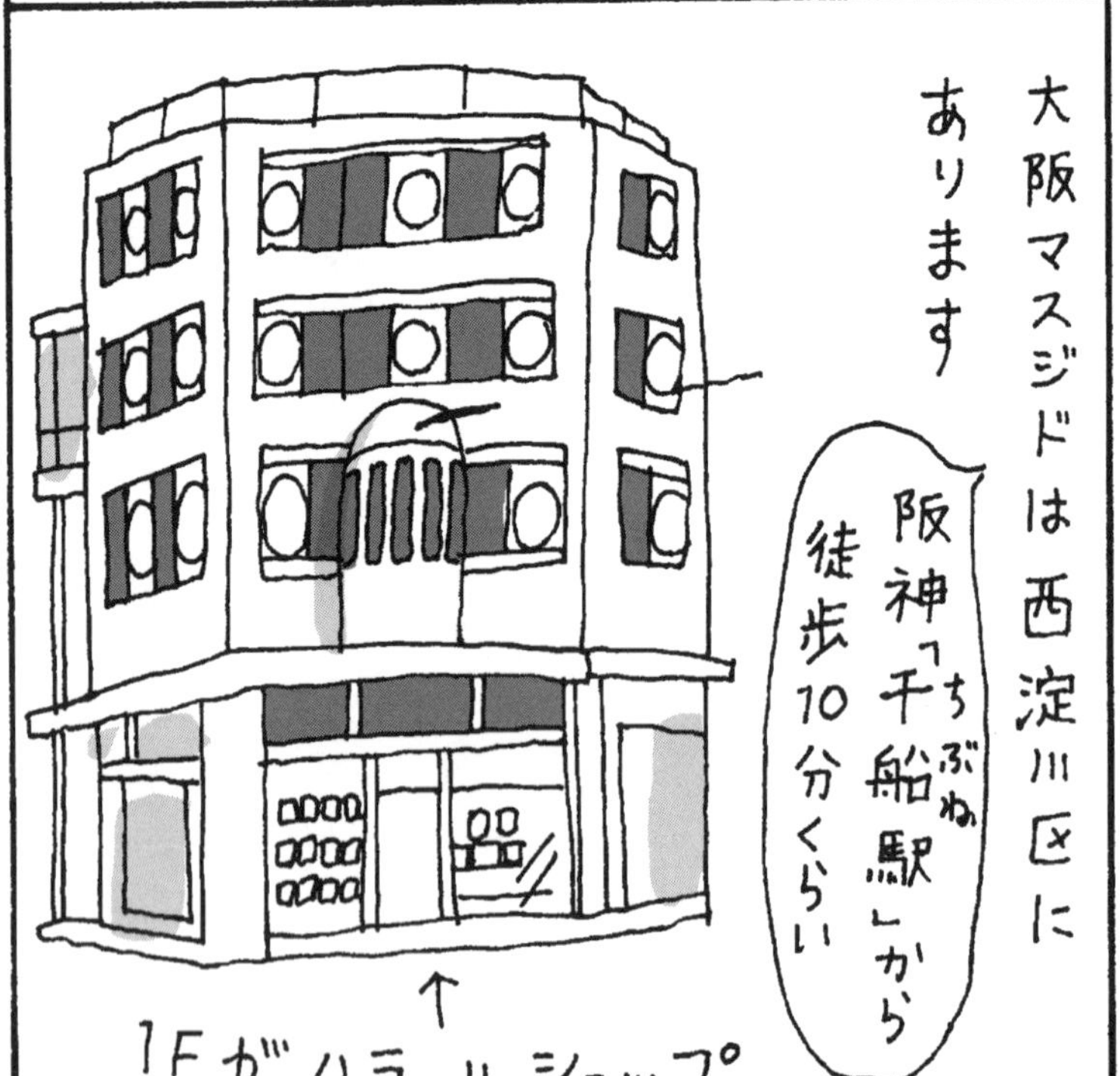

ハラールショップにたくさんタイ米があったので
ウチのツレがタイ米が欲しいって言ってたな
タイ米 ジャスミン
おみやげにタイ米を買う
まだ礼拝の時間まで一時間くらいあったので
大阪ハラールレストラン
目の前の大阪ハラールレストランでランチを食べる
大きなナン
ラッシー
ビリヤニ
野菜の天ぷら
カレー
おいしかった

さあ 礼拝に行きましょう
つれてってくれた三木先生
礼拝堂の入口は男女別々でした
ハラールショップ
女性
へー
男性
中に入ったら礼拝で着用する物が棚にありますからそれをつけてください
階段をあがり
手と足を洗う
棚の引き出しから着る物を出して
コレだな
着る
髪の毛はかくす

礼拝堂の中はこんなしくみ
間にかべがあって何も見えない
女性スペース
男性スペース
BOSE
天井のスピーカーから流れてくる音（お説教）を聞いてるだけ
ただかべを見つめてお説教を聞くのはフシギな感じ
一体このかべの向こうでは何が……
ツレはおみやげのタイ米をとても喜んでくれました
タイ米
これでビリヤニを作ろう!!

16 ラマダン明け

断食終えた一体感が伝わる祝祭

イスラム教が語られる際、「断食」「ラマダン」「ラマダン明け」といった言葉を耳にすることが多い。重要な宗教行事であることは伝わってくるが、なかなか実際をイメージすることは難しい言葉だ。7月初旬、ちょうど今年のラマダンが明けた。期間中、ムスリム（イスラム教徒）はどのような生活を送り、その終わりを祝っているのか。イスラムの教えに触れるため、大阪市西淀川区のモスク「大阪マスジド」と、向かいに建つ「大阪ハラールレストラン」を訪ねた。

水のありがたさを再認識する

7月6日午前8時すぎ。大阪マスジド3階の礼拝所では、すでに100人ほどのムスリムがお祈りをささげていた。ラマダン明けを祝う特別な礼拝が午前9時から始まる。関西各地から車で駆けつけた信者のため、周辺のコインパーキングは満車状態。モスク前には身なりを整え

ラマダン明けの礼拝を終えて、混み合う大阪マスジド前

た信者が集い、談笑の輪ができている。みな表情が晴れやかだ。「ここに車を停めないで」「立ち止まらないで」と声を掛け合い、自転車も整列し駐輪している。モスクの出入り口には「車は路上に止めず、パーキングに駐車するようお願いします」との張り紙もあった。

ちょうど5日前、バングラデシュの首都ダッカのレストランで大きなテロ事件が起きたばかりだった。礼拝では、犠牲者を追悼するお祈りも唱えられた。この事件では日本人7人の死者も出ており、「大阪マスジド」側の近隣への細心の気遣いが感じられた。モスク前で様子を見ていた近隣の男性は「いつものラマダン明けより緊張感がある」と話した。外で待っていると、周辺に音が漏れることを配慮して締め切った窓から、時折、祈りの声が小さく聞こえてくる。お祈りの声を外に伝えるスピーカーは、このモスクに設置されていない。建物内があまりに混雑するという理由で、礼拝中の取材は許可されなかった。

大阪マスジドの前身は2001年、大阪市西淀川区出来島に開設した。はじめはマンションの一室のようなところだったという。10年1月、現所在地の専門学校（鉄筋4階建て）の校舎を買い取った。元々の設計のようだが、どことなくモスクのような外観になっている。大阪マスジドには、パキスタン、インドネシアを筆頭に、アジア、アフリカ地域にルーツを持つ教徒が多い。この日集ったのは約500人。4階建ての屋上にも人があふれたという。ムスリマ（女性のムスリム）は、別の入り口から入り、男性とは違う階の礼拝所でお祈りをする。

ちょうど梅雨にあたったこの1ヵ月、ムスリム、ムスリマは一日の大部分を水・食事なしで過ごしたことになる。礼拝を終え、モスクから出てきたガーナ出身のスラージュ・ラシドさん（43）は「ラマダンは神様のためのもの。体が慣れているから、苦しくない。アフリカでは6歳のころから慣れさせる。お水がいつもよりおいしいよ」と明るく語った。ムスリムの日本人男性（23）は「日が出ているときに食事ができるようになるのはありがたい。欲望を断って、精神的に自分を顧みて、向上させる。1年に1ヵ月、身体を休ませるという意味もあります。

自分の我《が》をコントロールできた達成感がありますね」と充実した表情。話を聞くと、みな一様に水のおいしさ、ありがたさを再認識すると答えた。

モスクの前ではナツメヤシ（デーツ）が配られていた。断食をしてきた胃腸をいたわるため、栄養価の高いナツメヤシをまず口にするのだという。記者も勧められて食べてみると、ほんのりと甘く、干し柿のような食感だった。断食明けの口には、どのような味が広がるのだろうか。

日本のお正月のようなお祝い

ラマダン明けの祝祭「イード・アル・フィトル」（イード）は、断食期間を終えたムスリムにとって大事な儀礼だ。礼拝のあと、いくつかのグループに分かれて近くの公園やレストランなどで食事しラマダン明けを祝う。この日は一日、家族や親戚、友人らとのにぎやかで豪華な会食を「ハシゴ」する。地域によって数日続くところもある。日本では在日大使館が会場を手配する国もある。あるムスリマが「日本のお正月みたいなものよ」と教えてくれた。近くの公園では、カレーやチキン、バリヤニ（ピラフ）が振る舞われ、賑わっていた。

大阪マスジドの向かいにある「大阪ハラールレストラン」もイードの会場になっていた。入れ替わり立ち替わり、モスクからの客が出入りする。食事を取り、親しげに談笑している。店主のアバシー・カーリド・メヘモンドさん（48）は、30年前、コックとしてパキスタンから来

大阪ハラールレストランでラマダン明けの食事を楽しむムスリムたち（上・下）

日。東京で働いた後、大阪に移り、3年前この場所に店を開いた。流ちょうな日本語で「ラマダン中は3、4キロやせますよ。逆に太る人もいますけど」とほほえむ。店名にもあるハラールとは「イスラム教で許されている」という意味。周辺には他に2、3軒のハラール料理店があるという。アバシーさんは「大阪マスジド」の6人の運営メンバーに名を連ねている。

貧しく飢えた人に思いを至らせる

釈さんはアバシーさんの料理を楽しみながら、「イスラムを信仰するにあたって、日本で苦労することは何ですか」と尋ねた。職業柄もあるだろうが「まずは食べ物」と即答するアバシーさん。来日当初はハラールの食材を入手できず、特にイスラムの作法にのっとって解体した牛や鳥の肉がなくて大変だったと振り返る。3人の子どもに持たせる弁当にも困った。今では福岡や群馬などから、作法通り屠殺した肉を仕入れている。それでもまだまだ充分ではなく、入手できない食材は年に1回程度パキスタンに帰国した際、買い付けるという。「今、パキスタンではマンゴーがおいしい季節。冷やして食べます。300種類くらいあって、パキスタンのマンゴーが世界で一番おいしいよ」と誇らしげだ。

「苦労して乗り越える喜びもありますね」と聞く釈さんに、「日本にムスリムが増えるにしたがって、食材も手に入りやすくなりました」と話した。大阪マスジドの1階ではハラールフー

アバシー・カーリド・メヘモンドさん（左）から話を聞く釈さん

ドを販売している。アバシーさんは来日したころを振り返る。「30年前はムスリムのことを知らない日本人も多かった。礼拝する場所もなかった。でも今は来日する外国人も多くなって、日本で結婚するムスリムも増えました。例えば日本の会社でもお祈りの時間があることを知ってもらえるようになりました。『お祈りの時間ですよ』って逆に教えてくれるくらいに」と笑った。

ラマダンの断食には、貧しい人や飢えた人に思いを至らせるという意味もある。そしてラマダン明けのムスリムたちに接していると、神聖な「行」という身体的、精神的な体験を共有した一体感が伝わってきた。アバシーさんは「まず他人のこ

とを考えるという、イスラムの教えがよく表れています」と力を込めた。（棚部秀行）

★ラマダン……太陰暦のイスラムの暦「ヒジュラ暦」で9番目の月のこと。ラマダンには断食が行われ、日の出から日没までの飲食が禁じられる。イスラム教徒が行うべき「五行」の一つで、信仰心を高める重要かつ神聖な行事であり、祝い事でもある。ヒジュラ暦は太陽暦より1年が約11日短いため、ラマダンの時期は毎年ずれる。日没後初めて取る食事のことを「イフタール」と呼ぶ。イフタールやラマダン明けの祝祭「イード」では、まずナツメヤシを食べ、水を飲んでから食事を始めるのが一般的。妊産婦や乳幼児、高齢者、重労働者などは断食を免除される柔軟性を持っている。スポーツ界では、エジプト出身ムスリムの力士「大砂嵐」（引退）のラマダン中の取り組みが注目された。

釈の眼　ラマダン明け

前回に引き続き、イスラームに眼を向けることとなった。ちょうどラマダン月が明ける時期であったからだ。暑い時期（取材は7月初旬）のラマダンはさぞや厳しいのではないかと想像するが、アバシーさんは「最初の数日はしんどいけど、すぐに身体が慣れる」と語った。身も心も浄化される実感があるという。

一方、２０１６年のラマダンでは痛ましいテロ事件が世界各地で起こった。フロリダ州オーランドの銃乱射事件、そしてバングラデシュのテロでは日本人も７名が犠牲となった。アバシーさんは「本当に胸が痛い。こんなことが起こるなんてとても悲しい」と心情を吐露する。

昨年のラマダンでも、フランスやシリアなどで大きなテロ事件が起こった。ラマダン中のテロ行為は、このところ危惧されている問題である。ラマダン期間中は宗教心が昂揚する。同じ信仰をもつ人同士の一体感も強まる。それを悪用する者たちがいるということである。

ところで近年は「ハラール・フード」が取り沙汰されることも多くなった。ハラール・レストランはこれから増えていくに違いない。ハラールとは「許されたもの」を意味する。料理や食料品に関する事がらをイメージしがちであるが、製造・流通・食器・医薬品などにも関わってくる。イスラームでは、人間行動のあるべき姿は「シャリーア」（イスラーム法）と呼ばれる神の命令体系を基盤に探求されていく。それは単に命令と禁止の体系ではなく、①義務行為（ワージブ：しなければならない）、②推奨行為（マンドゥーブ：した方がよい）、③許可（ハラール、ムバーフ：してもよい）、④忌避行為（マクルーフ：しない方がよい）、⑤禁止行為（ハラーム：してはいけない）に分類することができる。まだまだイスラーム文化となじみが薄い日本では、ハラール（許可）やハラーム（禁止）を理解する感性は未発達であるが、食材の流通経路や使用される食器まで気にする信仰をもつ人がいることは考えていかねばならない。

ちなみに、「シャリーア」は四つの法源（法の根拠）から成り立っている。第一番目の法源はなんといっても神の言葉をそのまま記したとされる『クルアーン』で、二番目は預言者ムハンマドを規範とした「スンナ（慣行）」、そして「イジュマー（合意）」、「キヤース（類推）」となる。

17 正教会

外国人らも集う厳かな祈りの聖堂

ロシアやギリシャなどを中心に信仰を集めるキリスト教の正教会。日本でも幕末以来の伝統を持ち、全国各地に教会がある。そこは、日本人信者だけでなく正教の信仰を持ち続ける外国人にとっても大切な祈りの場となっている。２０１６年8月中旬の土曜日、釈徹宗さんと三木英さんと共に、大阪ハリストス正教会（大阪府吹田市）を訪ねた。

ロシアや東欧出身者が多数

阪急豊津駅から徒歩約10分。住宅街の中にある丘の上に、タマネギを思わせるドーム型の屋根を持つ美しい聖堂が見えてきた。ドームの上には「ロシアン・クロス」と呼ばれる独特の十字架がある。

「ようこそ」と日本人の司祭、ゲオルギー松島雄一神父（64）が出迎えてくれた。祖父の代から正教会の信徒で、自身は法然や親鸞の思想なども学んだ後、正教会の聖職者になったという。

丘の上に建つ大阪ハリストス正教会

ゲオルギー松島雄一神父（右）から正教会について話を聞く釈さん

家族と共に暮らしていると聞き、釈さんが「正教会では、神父さんはカトリックのように独身でなくてもよいのですか」と問うと、「聖職者になってからは結婚できませんが、なった時すでに結婚していれば許されます。家庭も含めて神にささげると考えます」と教えてくれた。

正教は大阪には明治初期に伝わり、当初は天満橋付近に拠点を置いたが、戦災で1962年に現在地へ。今は行事などの際には100人ほどの信徒が集うが、およそ2割がロシアやウクライナ、セルビア、ギリシャなど出身の外国人。そのほとんどが日本人男性と結婚した女性だという。

意識せずする宗教的行為に戸惑い

この日、取材のため集まってくれたロシア出身のミチュコヴァ・アナスタシアさん（30）とスペランスカヤ・アレクサンドラさん（35）、ベラルーシ出身の太田マリナさん（39）の3人も日本人の妻だ。いずれも「来日して住まいを探す時、近くに正教の教会があるか確認した」といい、アナスタシアさんは「日本でできた友達の多くは教会を通じて知り合った人。暮らしの中心にあります」と話す。以前東京に住んでいたという太田さんは「日本では苦しい時や悲しい時に教会に行くようになり、母国にいた時以上に信仰が深まりました」といい、慣れない異国での暮らしの中で、心の安らぐ場となっているようだ。

教会への思いを語る（右から）スペランスカヤ・アレクサンドラさん、太田マリナさん、ミチュコヴァ・アナスタシアさん

同じ正教会でも日本とロシアでは違いもある。アレクサンドラさんは「ロシアでは女性は聖堂では髪を隠さないといけなかった。日本ではその習慣がなく、最初は驚いた」という。松島さんが「日本に教えが入ってきた時代、頭に布をかぶるということに抵抗がある女性が多く、聖ニコライが無理強いしなかったようです」と説明してくれた。根底にある信仰ではしっかりとつながりながら、それぞれの国のスタイルを大切にする正教会の特徴を感じた。

結婚を経て日本人の「家族の一員」となった彼女たち。日々の暮らしの中でどんなことに悩みを感じているのだろうか。そう問うと、３人とも、多くの日本人が特別に意識せず、ふとした時に「習慣」としてする宗教的な行為に戸惑うことがあると答えた。例えば、葬儀やお墓参り、初詣などだ。

多くの日本人は葬儀で焼香して合掌し、お盆などに墓前でお花やお菓子を供えて手を合わせ、初詣に行って神前で鈴を鳴らしてお参りすることに強い違和感はないだろう。しかし彼女たちは「家族だから」と一緒にそうした行為をするよう求められると「どうしてもためらってしまう」という。アナスタシアさんは「私は幸い家族の理解があるが、『なぜやらないのか』ときつく言われ悩む人もいる」と話す。そうした相談に乗ることも多いという松島さんは「しゃくし定規ではなく、できるだけ家庭の円満と信仰の両立ができるように、柔軟に指導するよう心掛けています」という。

母国の文化を子どもたちにどう伝えるか

またロシア正教では西欧や日本で用いられる「グレゴリオ暦」ではなく「ユリウス暦」を使うため、降誕祭（クリスマス）は12月25日ではなく1月7日。その前には数十日間、肉や乳製品などの食事を節制する「斎《ものいみ》」の期間があり、ちょうどグレゴリオ暦のクリスマスやお正月と重なる。アレクサンドラさんは「日本では一番ごちそうを食べる季節。目の前に並べられると我慢するのはつらい」と苦笑いする。

三木さんが「お子さんのことではいかがでしょうか」と聞いた。日本で生まれ育つ子どもたちに、母国の文化をどう伝えるかも重要だ。アナスタシアさんは7歳、アレクサンドラさんは3歳の娘がおり、いずれも洗礼を受け教会に通わせているが「学校に通い始めると言葉も日本語が中心になる。自分のルーツに関心を持ち続けてくれるかちょっと心配」と話す。アレクサンドラさんはこう力を込めた。「日本とロシア両方の文化を大切に育ってほしい。それは将来、きっと自分自身の役に立つはずだから」。違いを知りながらどちらも尊重するバランス感覚は、きっとこれからの時代に必要な能力になっていくのだろう。

歴史の重み感じる祈りの時間

正教会では各曜日ごとにテーマがあるという。月曜は天使を思う日、水曜と金曜はハリストス（キリスト）の受難と十字架を思う日といった具合だ。土曜はハリストスが墓に安息した日、日曜は復活した日で、いずれも神聖な日で教会では祈りの時間がある。取材日は土曜で、午後5時からの祈りに参加させてもらった。

聖堂の中に入ると、あちこちに聖人が描かれた絵画が掲げられている。正教会では立体的な像は用いず、こうした「イコン」と呼ばれる平面の絵画を大切にするという。正面には聖なる空間と礼拝空間を分ける「イコノスタス（聖障）」という壁がある。この聖堂のイコノスタスは

聖堂内の様子。イコノスタスの聖人たちが見つめる中、厳かな空気に包まれる

およそ100年前にロシアから贈られ、松山、東京を経て伝わった由緒あるもの。精緻に描かれた聖人や天使たちがこちらを見つめる。

この日はお盆に近かったため帰省している信徒が多く、参加者は約10人と少なめだったが、祈りの言葉が歌うように唱えられ始めると厳かな雰囲気に包まれた。正教会では楽器を一切使用せず、人の声によって歌い、祈ることを重視する。西側にある入り口から差し込んでいた夕日が徐々に弱くなり、薄暗くなった堂内でろうそくの明かりが揺らめく。金銀の糸で彩られた祭服に身を包んだ松島さんが、イコノスタスの扉を通って向こう側とこちら側を行き来しながら、鎖のついた香炉を振って歩く。歴史の重みを感じさせる祈りの時間は、約1時間半ほどで終わった。

帰り際、アナスタシアさんに声を掛けると「心がきれいになる時間でした。また頑張ろうと思えます」と笑顔を見せた。家族として日本社会と向き合いながら自分たちのアイデンティティーも大事にする彼女たちにとって、ここがいかにかけがえのない大切な場所なのかを感じた。

（花澤茂人）

★正教会……「東方正教会」とも呼ばれ、世界に2億人以上の信徒がいる。ハリストス（キリスト）とその弟子の教えを付け加えたり差し引いたりすることなく伝統的に守っているとする。カトリック教会のローマ法王のような世界的トップは存在せず、国や地域ごとに独立した教会が緩やかに結びつく。日本には文久元（1861）年、ロシアから聖ニコライが伝道した。東京のニコライ堂など文化財として貴重な教会も多い。現在、日本にいる信徒は約1万人。

釈の眼　正教会

正教（オーソドクス）は、各地域の風土や習俗と組み合わさって展開してきた。ギリシア正教会を起源として、ロシア、ルーマニア、セルビア、ブルガリアなど、各文化圏の自主性が確立している。カトリックと正教は、もともと一つだったものが東西に分裂してできた。だから共通点も多い。正教から見れば、カトリックのローマ法王も「大司教の中の一人」という位置づけであるそうだ。

司祭の松島神父は、若い頃、法然や親鸞の思想に共感したことがきっかけで信仰の道を探求し始めたそうである。とても魅力的な人物だった。松島神父によれば、正教はカトリックよりも古い形態のキリスト教が残っている部分もあるとのことだ。

ロシア正教は、20世紀初頭の共産主義革命によって政府から迫害されたものの、ソ連崩壊後は再び活発化している。そういった事情があるため、むしろ若い世代の方が熱心な信仰者である場合も少なくないそうである。ただ、18世紀以降のロシアは西欧化が進んだため、現在のロシア正教も西欧の影響を強く受けている。松島神父も「西欧の文化の力は、良くも悪くも大変強いですね」と語っていた。

この「異教の隣人」では、しばしば「本国で暮らしている時は関心がなかったのに、日本へ来てから自国文化の信仰に目覚めた」という人に出会う。今回でも同様の話を聞いた。我々が正教会のたたずまいをながめると、かなり目新しいお洒落な印象を受けるのであるが、東欧のクリスチャンなどはとても懐かしい印象をもつそうだ。また、東欧の人たちに言わせると、本国の正教は倫理的・抑圧的な傾向が強いが、日本の正教は聖書に説かれた福音を中心としたものなので、受け入れやすいらしい。一方、靴を脱いで入堂したり、堂内で頭にかぶるヴェールがなかったり、日本の正教会と本国との相違もいくつかある。これは最初とても違和感があったそうである（日本の正教会でヴェールを使わないのは、どうやら正教が伝わった幕末頃、女性が頭を布で隠すのはいかがわしいイメージがあったことに由来するらしい）。

日本に来てから本国の信仰に目覚める……。異文化の中で暮らすからこそ、自分の立ち位置が浮かび上がってくるのだろう。そして、このシリーズでの取材ではいつも「異なる立ち位置をお互いに尊重し合う姿勢がポイント」であることを教えられる。

18「みとりの場」

タイの専門家と死生観を学び合う

高齢者の看護や介護を支えてきた地縁・血縁の関係が薄れていくなかで、穏やかな死を迎える「みとりの場」はいかにして作り出すことができるのか。

「アジアの隣人」の異なった死生観や宗教観、共同体のあり方から学び合おうと、日本とタイの宗教家や地域介護の専門家、医師らが互いの実践の場を訪問し、意見を交換した。トヨタ財団（東京都）の助成によるプログラム。「学び合い」の締めくくりとして、兵庫県西宮市ではシンポジウムも開催され、来場者とともに活発な議論が交わされた。

末期にあっても施しをすることが大きな喜び

タイ・バンコクの東北約500キロ。コンケン県クンダーン村、ウサッハト寺の僧侶ウイリヤ・タムソポンさんは、医師と村民の間に入り、死や病、健康について啓蒙する活動に取り組んでいる。今回タイ側のメンバーの一員として、公立病院の医師、地域看護を研究する大学教

自宅を訪問し、末期患者の手を取り安心させるウイリヤさん（中央）。後方には読経する別の僧侶の姿がある（ウイリヤさん提供、一部画像を処理しています）

地域のボランティアと村の高齢者宅を訪れた医師の長尾和宏さん（左）（古山裕基さん提供）

授らと来日した。

「人生の最後にできることをしてあげたい。私は週に一度病院に行っています。家や病院でお経を唱えることで、患者だけでなく家族も安心できます」

ウイリヤさんは自身の役割をそう説明した。

国民の約95%が仏教徒とされるタイでは、僧侶が病院に出入りし、読経したり、タンブン（功徳を積むため食料などを寄進すること）を受けたりするのは日常的だ。僧侶は認知症の症状がある高齢者や、末期がんの患者が住む家庭も訪問する。医療ボランティアが一緒のこともある。「年を取ること、死ぬことは自然なことで逆らってはいけない」とウイリヤさんは教えている。

クンダーン村の人口は約250人。高齢化が進んでいるという。寺は村の集会所の役割を担う。プログラムの企画参加者でもある釈徹宗さんは、「一番まねできないと思ったのは、死期が近い寝たきりの人がタンブンすること。末期の人でも、施しをすることが大きな喜びなのです」と訪問時の驚きを語った。

自宅の縁台にベッドを置き、村民に囲まれながら暮らす高齢者や病人たち。日本側の参加者は、そこに理想的な終末医療や介護の実践「みとりの場」と、都市化の進んだ日本が失ったコミュニティーのつながり、身近な「死」との関わり方を見た。

高齢者への訪問診療などを行う長尾クリニック（兵庫県尼崎市）の医師、長尾和宏さんは「生活のなかにお年寄りがいて、静かに穏やかに旅立つことができる。『地域包括ケア』（住み慣れた地域で最期まで暮らせる体制）の原形がありました。町全体が病棟で、道路が病院の廊下のようになっている。お坊さんが村の人たちにもたらしている安心感が大きい」と感想を述べた。

また、介護者の交流スペース「つどい場さくらちゃん」（西宮市）を運営する丸尾多重子さんは「お寺は開放的で、仏像の前でみんなで食事をしました。しゃべって身体を動かし、まさに『つどい場』だと思いました」と振り返る。僧侶の訪問に同行し、「お坊さんが脈を取って、耳元で話すと空気がすごく優しくなるんです。仏教が大きな心棒になって、みんなが穏やかに旅立つ人を見守っている。認知症になることや死ぬことが終わりではなく、怖がってもいない。日本の医療では死は『敗北』になっています。家族が多いときには日本でも死がもっと身近にありました」と話した。

来世を意識したタイ人の死生観

一方、タイ側は関西を訪問し、ホテル並みの設備を持つ大型特別養護老人ホーム、古民家を改装したホーム・ホスピスなどを見学した。日本式の「みとりの場」の最前線ともいえる。タイでは、日本の介護保険にあたる公的支援が乏しいという。ウイリヤさんは「国のお金で面倒を見てもらえるいい制度だ」と評価し、「日本の施設や団体は、取り組みが多彩だった。ただ、私は家で家族と最期を過ごすのが一番だと思う」と語った。豪華な介護施設には「お年寄りが楽しそうな顔をしていない」と違和感を覚えたようだった。

コンケン大で看護学を教えているオラサー・コンタルン教授は、日本のホーム・ホスピスについて「自分の家族のように愛し、接していて感動した。こういう家が日本に増えればいいと思った」と述べた。その上で「私たちは、生まれる前にどこから来て、死んだらどこへ行くのかを考えなければならない。よく生きることは、よく死ぬこと。自分が死を迎えるときにどうしてほしいかを考えていないと、いい死は迎えられないと思う」と語った。来世を意識した、タイ人の死生観を垣間見ることができる発言だ。

タイの仏教は人々の生活に入り込み、僧侶も寺も、暮らしに近い存在にある。仏教はタイの人々の行動規範を形成し、村での「みとりの場」にも大きく作用している。基本原理でもある「タンブン」は来世思想に結びついている。

もちろん宗教観も歴史も制度も違う日本に、そのままタイ農村の「みとり」のシステムを当てはめることは難しい。だが、タイ東北部を中心に介護活動を続ける本プログラムの代表者、古山裕基さんは「日本とタイが互いを映し鏡のようにすると、自分たちのことが分かってくる」と強調する。

古山さんはコンケンの孤児院でボランティアをした後、コンケン大で農村、都市部のコミュニティーでの看護について学んだ。帰国後、日本の介護施設で働くと、あまりに多忙で、死や死生観について話し合うこともできず、タイでの介護とのギャップに戸惑ったという。「日本では、死や死生観について語ったり、考えたりすることが難しかった。死について話すのはしんどいという雰囲気がある。どうやって、現代に合わせて死を語っていけばいいのか。日タイ双方の死や死生観を知り、豊かな死とは何かを考える実践の場としてプログラムを思いついた」と話す。現地で多くの人から得た「タイ人にとって、死は終わりではないのではないか」という実感が基になった。

特にバンコクでは人口の急増と都市化が進み、クンダーン村のような「みとりの場」を創出させるのは困難な状態にあるという。少子高齢化も進み、タイでも家で最期をみとることは難しくなっていく。古山さんは「タイ側も、日本の地縁血縁に頼らない結びつきを発見できたと思う。心豊かに死んでいける新しい日本人の死生観を探りたい」と述べた。

共感と違和感からアイデアが見つかる

２０１６年9月初旬、西宮市で日タイ両メンバーによるシンポジウム「このまちで生き、そして死んでゆくために」が開かれた。映像なども用いて相互の訪問の様子が報告され、活動の総括がなされた。それを受け、約60人の参加者が3、４人のグループに分かれて討論し、「死

シンポジウムで発言するプロジェクトの参加メンバー

をタブー視しない教育が必要」「在宅介護を支える地域の力が不足し、死を共有できない」「タイのように家でみとりたいが実際は難しい」などの意見が大きな紙に書き出された。クンダーン村でのみとりの実践に、大いに刺激を受けた様子だった。病院でのボランティア活動について勉強をしているという男子大学生は、「日本の病院にも地域や外部の空気がもっと入ってくればいいと思った。そのヒントが得られるなら、タイの病院で働いてみたい」と話した。

異なった宗教、異文化での取り組みを知ることにより、個人や社会が抱えている問題が明確化され、意識化され、相対化される。共感と違和感から、改善の糸口やアイデアが見つかるかもしれない。日本での孤独死は年々増加傾向にあり、それはタイの未来にも重なる。逆に日本も「古き良き時代」へと時間を逆戻りすることはできない。ただ互いに学び合うことはできる。地縁血縁や信仰心に支えられていても、逆にそれがなくても、いかにして安らかな死を迎えることができるのか。異教の隣人と共に模索する営みは示唆に富んでいる。（棚部秀行）

釈の眼　みとりの場 タイ仏教

「タイのお坊さんや医師がチームになって、〃在宅ホスピス的な活動〃をしているらしい」と聞いて、2016年2月、クンダーン村のウサッハト寺を訪れる一行に参加させてもらった。クンダーン村は高齢化が進んだ地域らしい。日本に比べれば、医療や福祉の状況も良好であるとは言えない。しかし、地域コミュニティーや信仰心が、老病死を受け入れる道筋になっていると実感した。

特に「僧侶が来てくれなければ、タンブンができない。だから病床まで来てほしい」という事情は、タイの仏教文化の底力を見る思いであった。医師や看護師・介護士だけではだめなのだ。タイ仏教の僧侶が一緒に来なければ〃施し〃はできない。臨終間近の高齢者が喜々としてタンブンする様子は、人間の在り方そのものを考えさせられた。この状況になっても他者へ施すことが喜びなのか……。もちろん、来世のために功徳を積むという信仰が基盤になっていることは間違いないのであるが、そのストーリーによって生み出される〃施し〃という行為は、人間の根源的な喜びに直結しているのかもしれない。

4月にはタイのメンバーが来日して、私が運営に携わっている認知症高齢者のグループホーム「むつみ庵」を見学。「このように普通の民家で暮らす形態は、我々にとっても実現可能だ。すばらしい方法だと思う」と共感してくれた。「むつみ庵」は、地域にある民家をそのまま使って運営されている、手作り感にあふれたグループホームである。だから「ああ、これならタイの田舎でもできる」という気になったのであろう。

タイではまだ「認知症」という概念さえ一般的ではない。「高齢になれば記憶や見当識が不具合を起こすのは当たり前なのでは？　病気じゃないでしょう?」といった雰囲気だ。しかし、おそらくこれからタイでも日本同様に問題化していくのではないか。日本を先駆的モデルとして見てもらえればと思う。また日本もタイのあり方に学ぶべき点は多々あろう。

そして今回、さらに深く意見を交換する機会が生まれた。「つどい場さくらちゃん」での交流だ。「つどい場さくらちゃん」は、もともと介護スタッフの癒しの場として始まった。つまり〝ケアする人をケアする場〟なのである。これからの社会は、このように「ケアする人のケア、そのまたケアのケア……」などと〝ケアをループさせていく取り組み〟が重要になってくるはずである。

IV

19 コプト正教会

原始キリスト教の典礼様式いまも受け継ぐ

エジプトに伝わるキリスト教の一派、コプト正教会の日本初となる教会堂「聖母マリア・聖マルコ・コプト正教会」が２０１６年７月、京都府木津川市に誕生した。約２０００年の歴史を誇る宗派だが、アジアを管轄するシドニー教区の国内における活動は04年に始まったばかり。日本で暮らすコプト教徒が待ち望んだ新聖堂を訪れた。

「司祭が来日できなくなり、10月礼拝は中止になりました」。16年９月下旬、シドニー教区との連絡役を務める鳥取県在住のシェリー・メガリーさん(39)からメールが届いた。教会に常駐の司祭はおらず、月１回の礼拝ではオーストラリアから招く。東京や鹿児島など遠方に住む信徒も多く、大人数での開催は難しいのが現状だ。それでも「集まれる場所が見つかるなんて奇跡のよう。神様からの贈り物です」とメガリーさんらは喜ぶ。

礼拝の代わりに信徒たちの「祈り会」が10月10日、新聖堂で開かれた。京都駅から電車で約

1時間。JR西木津駅で降りて5分ほど歩くと、「聖母マリア・聖マルコ・コプト正教会」の看板と青空に浮かぶ十字架が見えてくる。国道沿いの3階建て。プロテスタント教会として約30年間大事にされてきたが、移転に伴いコプト正教会の所有になった。7月の開堂式には約100人が出席し、歴史的な一日が祝われたという。内部の装飾は控えめで、信徒らが持ち寄った聖人のイコン（肖像画）が窓際を彩る。

伝統を重んじる姿勢が随所に

この日の参加者は主に近畿在住の約10人。留学生や日本で就職したエジプト人がほとんどだ。午前10時前、奥の部屋では手のひら大の平たい白いパンが5枚焼かれていた。丸い形は「始まりと終わりのない永遠」を意味するらしい。表面には古代エジプト語を継承するコプト語で「聖なる神」を表す文字と十字架の刻印。「この中から一番美しい1枚がイエス様のご聖体として選ばれ、お祈りの後に分け与えられます」とカイロ出身の大阪大准教授、イーハブ・サラホ・エシャクさん（39）。市販品ではなく手作りを用意するのは、原始キリスト教の典礼様式を受け継ぐコプト教ならではという。

男女別に座り、女性は頭にスカーフを巻くなど伝統を重んじる姿勢は「祈り会」でも随所に見られた。約90分間、英語・日本語・アラビア語・コプト語で聖書の詩編などが読み上げられ

コプト正教会の新聖堂で開かれた「祈り会」

焼かれたパンのうち一番美しい一枚が聖体となる

る。時折、エシャクさんが小さなシンバルを「シャン、シャン」とテンポ良く鳴らす。これも昔ながらのスタイルで、全員が歌うように祈りをささげていた。終了後、釈さんが「自分たちの言葉であるコプト語でお祈りできるのは喜びですか?」と尋ねると、全員が大きくうなずいた。

生活の中心にあるのは教会

メガリーさんによると、コプト語はエジプトで1~17世紀ごろまで実際に使用されていた言語で、それ以降はアラビア語のみが話されるようになった。現在、普段の生活でコプト語を使うことはないが、コプト正教会では大事にされている。「教会の中で今も生き続けています。コプト語で唱える祈りや聖歌も、私たちコプト正教徒の心に深く根を下ろしているのです」。信徒の中にはコプト語に関する名前を持つ人も多く、「シェリー」の名も「たたえる」を意味するコプト語に由来するという。

日本には15年10月までの12年間、シドニー教区から金崎トーマス司祭が派遣されていた。司祭は東京や神戸などに住み、自宅や別の教会から借りた場所で礼拝を行いながら、教会堂開設を目指していた。メガリーさんはエジプト人の父、日本人の母を持ち、赤ん坊の時に洗礼を受けた。05年にオーストラリアから母の故郷、鳥取に移住。仲間たちと教会探しに奔走してきた。

12月のクリスマス会について話し合うシェリー・メガリーさん（右奥）ら信徒たち

これまで近くのカトリック教会に通っていたという来日40年のヨセフ・ミッシエルさん（73）は「私たちの教会ができるのを何十年と待ちわびていた。こんな日がくるなんて」と驚きを隠さない。来日4年のラミー・ガダッラさん（30）は「エジプトでは教会が中心にある。教会は福祉という社会的な役割もあり、すべての人に開かれている」と説明。「私たち家族の家、神様の家が日本で見つかったことに感謝しています」と語る。

「祈り会」の後、2階で昼食をともにした。メガリーさんと妹ナンシーさんのお手製カレーを食べながら、12月のクリスマス会について意見を出し合っている。「近所の人も気軽に参加できるようなイ

教皇タワドロス２世を迎えた教会の聖別式

ベントにしたい」とメガリーさん。「会うのは2回目」という信徒もいたが、みな旧知の間柄のようにわきあいあいとしている。一人ひとりの笑顔を見ながら、エシャクさんらが「生活の中心にある」と表現する教会は「魂の休息所」として大切な役割を果たしていることを実感した。

教皇の歴史的な初来日

17年8月、第１１８代コプト正教会教皇タワドロス２世を迎えた教会の聖別式が木津川市の教会堂で開かれるという知らせを受け、再び訪ねた。「聖別式」とは神に仕えるために人や物を清める儀式で、聖職者のみ執り行うことができる。

10ヵ月ぶりに訪れると、聖堂内には立派なイコノスタシス（聖障）が建てられていた。聞けば、約2週間前にエジプトから届いたばかりだという。聖なる空間と礼拝空間を分ける「壁」で、色とりどりの聖人たちの絵が描かれている。正面には「そして彼は恐れて言った。『これはなんという恐るべき所だろう。これは神の家である。これは天の門だ』」という日本語が掲げられていた。

この日、はるばるエジプトから初来日を果たした教皇タワドロス2世。その姿を一目拝もうと、お香のたかれた聖堂は全国各地から集まった100人近い信徒たちであふれかえっていた。エジプトからテレビクルーも駆けつけるなど、熱を帯びた空間は「教皇タワドロス2世初来日」という歴史的トピックスの重要性を感じさせた。聖別式では教皇と司教たちの手によって一つひとつのイコンが聖油で清められた後、神父を手助けする「補祭」（カトリックの「助祭」にあたる）の就任式や聖体礼儀も行われた。すべてのプログラムが終了した後、教皇自らが来日記念のキーホルダーを一人ひとりに配布。ずらりと列をなす信徒たち一人ひとりと気さくにふれ合い、記念撮影にも快く応じるなど親しみやすい姿が印象的だった。「教皇様にお会いすることができて本当にうれしい。顔が輝いているように感じました」とメガリーさんは晴れやかな表情を浮かべた。

礼拝後の記者会見で、教皇はコプト教の三つの使命について語った。「一つは愛を無条件に捧げること。二つ目は国籍を問わずにすべての人を守り、すべての人を受け止めること。三つ目はイエス様にならってどこでもどんな人のためにも活躍すること」。日本でコプト教は少数派だが、「イエス様と一緒にいるのでマイノリティーとはいえない」とも話していた。メガリーさんいわく、近年は留学や就職、国際結婚などをきっかけに日本で暮らすコプト正教徒が少しずつ増えているという。まだ歴史の浅い教会だが、今後ますます重要な役割を果たす場になるだろうことを確信した一日だった。（清水有香）

★コプト正教会……1世紀、使徒聖マルコがエジプト北部アレクサンドリアに建てた教会が起源とされる。非カルケドン派（東方諸教会）の一つ。エジプト国内の信徒数は人口の約2割にあたる推定約1800万人。メガリーさんによると政情不安などの理由で1950年代以降、米国やカナダ、オーストラリアに移住するエジプト人が増え、各地でコプト共同体が生まれた。オーストラリアでは5万人以上のコプト正教徒がおり、50の教会、3つの修道院、2つの神学大学と4つの学校（小中高）があるという。日本のコプト教徒はエジプト人やエチオピア人を中心とする80～100人程度とされる。

釈の眼　コプト正教会

コプト正教は、古代キリスト教の一派である。キリスト教成立当初から、エジプトからエチオピアにかけてひろがっていた系統である。

現在、20家族ほどでこの教会を支えているそうだ。まだ教会内部の様式も調っていない（＊これからだんだんと揃えていく予定とのこと）。配布物や用具なども含めて、全般的に手作り感がある。それが素朴であたたかみのある雰囲気を生み出している。

コプト教会のお祈りは通常2時間ほど、びっしりと続く。けっこう長い。キリスト教の古い形をそのまま残しているところに特徴がある。正教（オーソドクス）と共通している部分が多いらしい。お祈りの中で、「キリエ・レイ・ソン」（Lord have mercy：主よ、あわれみたまえ）と繰り返し唱える場面があった。この言葉はカトリックやプロテスタントでも使う。ギリシャ語から来ている言葉だが、コプト教会では古くから使ってきたようだ。

お祈りは、コプト語・アラビア語・ギリシャ語に加えて、英語・日本語でも行われる。その形態はまだまだ模索中であると感じた。けっこうアドリブでやっている。唱え方や節が不確定なのである。すなわち、この教会が先駆的存在であることの証左だ。ここで行われているお祈りの様式がこれから日本コプト教会のスタンダードとなっていくのだろう。「まさに生成中の現場に居合わせているのだ」と思うと、とてもどきどきわくわくした。

ところで、このところコプト正教会がＩＳ（過激派勢力のいわゆるイスラム国）に襲撃される事件が起きている。２０１５年にはリビアで、コプト教徒がＩＳに21名殺害される事件が起きた。２０１７年にはエジプトのコプト正教会で連続爆破テロが行われ、40名以上の人が亡くなっている。この時はエジプト大統領が3ヵ月の非常事態宣言を発令している。エジプトではマイノリティーであるコプト教徒がしばしば差別や迫害の対象となってきた。欧米では、ムスリムはマイノリティーであるが、アラブではクルド人やコプト教会がマイノリティーである。「信仰の共生」こそ、世界の課題である。なかなか簡単には解決しない難問であるが、我々はとにかく「信仰の共生」に向けてあくなき取り組みを続けねばならない。

＊２０１７年8月、コプト正教会教皇・タワドロス2世の訪日の際は、すっかり整備されていた。

20 イラン人の名物店主

イスラムの教えとオープンマインド

イスラム教について私たちはつい、「教えが厳格」「異教徒を認めない」などと型にはまったイメージを持ちがちだ。しかし、広大なイスラム圏には多様な文化や歴史があり、いろんな考えの人がいる。それを体現するようなイラン人の名物店主が、古都・奈良の商店街にいると聞き、会いに行った。

観光客でにぎわう近鉄奈良駅前から徒歩約5分。もちいどのセンター街（奈良市餅飯殿町）の中ほどに、メヘラリ・サイードさん（47）が営むペルシャじゅうたんの店「メヘラリ・カーペット」はある。色とりどり、大小さまざまなじゅうたんが並ぶ店の奥で、メヘラリさんと妻の奈香《なこ》さん（46）に話を聞いている間にも、近所の商店主や住民たちが次々に店先から声をかけてくる。「この間のあれ、おいしかったわー」「いま正倉院展やってるねえ、じゅうたんの売れ行きはどう?」

開店から3年半、メヘラリさんは商店街の有名人だ。商店主たちの懇親会を催したり、「商

近所のレザークラフト店店主・辻之所さん（右）と談笑するメヘラリさん夫妻

店街の入り口に浅草・雷門のようなちょうちんを掲げて人を呼び込もう」と提案したり。よその店の看板や棚をさっさと作ってしまったこともある。並びでレザークラフト店を構える辻之所恒久さん（45）は「メヘラリさんには、〝イラン人〟のイメージをことごとく裏切られました」と笑う。

辻之所さんが店をオープンしてすぐの頃、メヘラリさんは娘を連れてのぞきに来た。以来、商売の仕方から店内のレイアウトまでこと細かに助言をくれる。「メヘラリさんは『商店街の一人ひとりが頑張れば自分の店にもお客がくる、だから頑張れ』といって応援してくれる。昔ながらの面倒見のいいおっちゃんです」。週に一度は、仕事終わりにメヘラリさんの店に寄り、これからの経営について話し込むという。

厳しくも柔軟で自由な宗教

メヘラリさんの故国イランはアジア南西部に位置する。この地にはかつて、アケメネス朝ペルシャ（紀元前6〜紀元前4世紀）やササン朝ペルシャ（紀元3〜7世紀）が大帝国を築き、独自の文明が発展した。ペルシャ帝国では長くゾロアスター教が信仰されたが、7世紀にイスラム教がもたらされると改宗が進んだ。イスラム教シーア派を国教としたのはサファビー朝（16〜18世紀）の時代。1935年に国号をイランと改称し、1979年のイラン革命により、厳格な戒律で統治を図る宗教国家となった。世界のムスリムの9割をスンニ派が占める現在、イランは周辺のシーア派勢力に大きな影響を及ぼしている。

メヘラリさんは首都テヘラン生まれ。父親はバーを経営し、子どもの頃はよく店を手伝ったという。「イランは元々は『お酒を飲みたい人は飲めばいい、スカーフを身に着けたい人はそうすればいい』という自由な国でした」。10歳の時にイラン革命が起き、国のあり方が大きく変わった。だが、メヘラリさんの暮らしには、その後のイラン・イラク戦争（1980〜88年）の方がより深刻な影響を及ぼしたという。6歳上の次兄は21歳で戦死した。

正倉院宝物の文様を織ったオリジナルのペルシャ絨緞を背に話をするメヘラリ・サイードさんと釈さん

戦後、メヘラリさんはプロのサッカー選手として活躍し、仕事を求めて91年に来日。奈良出身の奈香さんと出会い結婚、イランに帰国し貿易会社を設立した。２０１１年、難病を患った次女（10）の治療のため、経済制裁下にあるイランを離れて再来日し、現在の店を開いた。

メヘラリさんはムスリムではあるが、商店街の宴席に顔を出すし、家では奈香さんや２人の娘と同じものを食べる。イランの親族や知人も、「１００％のムスリム」がいる一方で、普段はお祈りせず年１回の断食だけする人もいたりと、宗教への向き合い方には濃淡がある。「イスラム教は『あれをやれ、これをやるな』と厳しく言う一方で、『自分で考えなさい』と判断を個人に委ねる。意外と自由な宗教」とメヘラリさんは言う。釈さんが「ムスリムに一番大事なことは」と問うと、「神を信じるということ」ときっぱり。さらに「イスラムを本当に良いものにするのは人間なの」と強調した。

メヘラリさんは、イラン人の友人が遊びに来れば東大寺に案内する。また毎年、商店街のみんなと奈良の修験道の山・大峰山に登って親睦を深め、地域の祭りでは法被姿で神輿を担ぐ。「大峰山に入った最初のムスリムは私じゃないかな」と笑う。ただ、他の人たちが神仏に手を合わせる間、メヘラリさんは少し離れた所で待つ。他の宗教に対して柔軟な姿勢を保ちつつ、きちんと線引きをしている。

ムスリムに息づく助け合いの精神

そしてメヘラリさんは、ムスリムであることと同じくらい、イラン人であることを誇りに思っているという。「なにしろイランには7000年の歴史があるんです」。イランでは今も、古代ペルシャ帝国を築いたキュロス大王（紀元前600年頃～紀元前529年）の記念日を祝う。また、ペルシャ帝国で信仰されたゾロアスター教由来の伝統や文化も大切にする。「イスラム教国だから全てのことに対して厳しいと思われがちだが、決してがんじがらめではない。女性の大学進学率が高いことや社会進出が進んでいることも知ってほしい」

一方で、宗教に関して自由な日本で長く暮らしているからこそ、自身のムスリム的な部分を再認識することもある。特に痛感するのは「助け合いの精神」だ。「イランでは、隣の人が晩ご飯を食べたか食べていないかを気に懸ける。病人がいれば『大丈夫か』と起こしてまで様子を見る」。奈香さんは「イランにいると、親戚の女性たちがずっと話しかけてくれるので、一人になる時間がなかった」と笑う。

メヘラリさんは初めて来日し東京に住んでいた頃、日本人特有の他人との距離感を寂しく感じることもあった。だから、どんどん自分からあいさつし、銭湯に通ったり八百屋の店主に一生懸命に話しかけたりしながら社会に溶け込んでいったという。もちいどのセンター街でのメヘラリさんの様子を聞くだに、かつて彼と接した人たちが大きな刺激や影響を受けただろうことは想像に難くない。

イラン人でありムスリムであることに誇りを持ち、なにより「人間として正しい行いをしよう」と志すメヘラリさんと話していると、胸のうちに希望がわいてくる。生まれ育った背景や宗教の違いは、人を隔てるのではなく出会わせるのだと。（中本泰代）

釈の眼　イラン・イスラーム革命がもたらしたもの

「母親の世代はミニスカートをはいていたが、娘の世代は伝統的なムスリマの服装になった」と評されることもあるほど、イランは革命によって大きく変容した。

１９７９年、パフラヴィー朝国王による王政が打倒され、イスラーム共和体制が成立する。イラン・イスラーム革命である。私はこのとき高校生だったが、世界中で大きな影響を与えた革命であったことをよく覚えている。

今振り返ってみても、西欧近代化を推し進めることが趨勢であった当時の世界各国の通念をひっくり返す出来事であった。現在、中東やアフリカ北部で起こっているイスラーム復興機運の契機となったのである。イスラーム共和党が政権を担い、シーア派・イスラーム法学者であるホメイニ師が最高指導者に就いた。ホメイニ師は、それまで続いていた西欧近代化政策に抗議の声を挙げた代表的人物であった。

イランは国民の大半がイスラーム・シーア派を信奉している。シーア派の中でも一番大きい12イマーム・シーア派である。12イマーム・シーア派は、預言者ムハンマドの従兄弟であり女婿であるアリーに始まり、ムハンマド・マハディーに至る12名をイマーム（教主）と認める立場に立つ。このイマームの代理をイスラーム法学者が担当する、ホメイニ師はそういう主張を展開したのである。

革命や戦争という大転換期に少年時代を過ごしたメヘラリさんは、とてもオープンマインドな人だった。「どの宗教も良いところと悪いところがある。人間がやることに100％はない。宗教も時代によって変わる面がある」と語る。また、「イラン人やムスリムといった枠にはめて自分を見てもらいたくない。まず人間として見てほしい」などと近代個人主義的な意見をもつ。「もし、お子さんがムスリム以外の人と結婚することを希望したら？」と、少し意地悪な質問をしてみたら、「本人が幸せになるならかまいません」と答えた。

私がこれまで出会ったムスリムの中には、食規範や礼拝などにこだわりが少ない人もけっこういた。そして、その人たちは「神と私との関係の中で、自分なりに守っていることがある」と言っていた。イスラム教はしばしば共同体単位で捉えられがちであるが、それぞれが神と向き合いながら日常の行為を選択している面もあるのだ。

21 朝鮮半島の巫俗

大阪の住宅地に息づく母国の民間信仰

宗教者を媒介として神霊のメッセージを人々に届ける民俗信仰「巫俗《ふぞく》」。朝鮮半島では伝統的に「巫堂《ムーダン》」と呼ばれるシャーマンの女性たちが人々の悩みと向き合っている。巫堂は日本でも朝鮮半島にルーツを持つ人たちの間で大切に信仰されているようだ。大阪市立大大学院で巫俗などを研究している吉田全宏さん（35）に案内してもらい、2016年の晩秋、大阪で活動する一人の巫堂を訪ねた。

元クリスチャンの巫堂

JR鶴橋駅から徒歩5分。*祈りの場となっていると聞いた「天水庵」（大阪市天王寺区）は、普通の住宅街の中にあった。外観も内部も普通の民家のようだが、玄関の脇に安置された布袋像が、ここが祈りの場であることを感じさせる。

巫堂の吉田貞女《ていじょ》さん（57）が出迎えてくれた。ソウル出身で、31歳の時に来日し日本人男性

天水庵の2階で、釈さん（左）に神々について説明する吉田貞女さん

と結婚、日本国籍を取得したという。

巫堂になった経緯を尋ねると、「元々はクリスチャンだったんですよ」と意外な答え。飲食店を経営するなどさまざまな仕事をしたがどれもうまくいかず、悩みを抱えていた10年ほど前、知人から紹介されたある巫堂に会った。相談するつもりが、逆に「神様があなたも巫堂になりなさいと言っている」と言われた。

「最初は嫌だと思ったんです」。その理由を聞くと「韓国では多くの人が巫堂をあまり良い目で見ません。私自身もそうでした」。巫堂は神でも人でもない存在として、蔑視の対象となることもあるという。しかし「そのうちに使命と考えるようになった」。滝に打たれるなどの修行を経て神霊を感じられるようになったという。初めて会う人でも「顔を見れば6～7割くらいのことは分かる。なにか（の霊）を連れていれば、それもすぐ分かりますよ」と言われ、釈さんと三木さんも思わず顔を見合わせる。

子どもの病気を抱えた親、商売が危機に陥った経営者、人間関係がこじれてしまった水商売の女性。そんな人たちが助けを求めて訪れる。「私は神様と人との間に立つ通訳みたいなもの。お祈りをすると神様が伝えようとすることが思い浮かぶので、それを言葉にするだけ」。熱心な信者は30人ほどいる。在日コリアンや韓国からのニューカマーだけでなく、日本人も増えているという。

悩みを吐き出し落ち着く場所

祈りの空間は2階にあった。それほど広くはない空間にろうそくが並んだ祭壇があり、お供え物の果物やお米が並んでいる。しかし何よりも目を引いたのは、壁一面に貼られた色とりどりの装束を着た人物たちの絵。つり上がった大きな目をした武人や、白いひげの老人たちに見つめられてたじろぎそうになる。

「これが月と日の神様、こっちが海の神様、山の神様……」。太陽をバックにした女性の絵はどこかで見たことがあるようだ。「天照大神です。いろいろな意見があると思いますが、日本でお祈りをしているのですから、私は日本の神様も大事にしたいのです」

毎月、旧暦の1日に当たる日には信者が集って貞女さんにその月の運勢を見てもらうという。取材に訪れた11月29日は旧暦11月1日だった。午前10時半ごろになると、ぽつぽつと訪問者が現れた。その中の1人が祭壇の前で礼拝して静かに座ると、貞女さんは太鼓とドラを小刻みにたたきながら韓国語で歌うように言葉を唱え始めた。「すごく魅力的なリズムと声ですね。メロディーもどこか懐かしく、聞き覚えがあるように感じます」と釈さん。

しばらくすると貞女さんは、赤、白、青、緑、黄の5色の手旗を手に立ち上がり、祈りの言葉の続きのように女性に語りかけた。韓国語で内容は分からなかったが、女性は少し涙ぐみながら「うん、うん」とうなずいているようだ。その後、旗の色を分からないようにして、その中から1本を女性に選ばせる。選んだ旗の色によって運勢を見るという。おみくじのようだ。

運勢を見てもらっていた飲食店従業員の女性(48)に話を聞いた。韓国から18年前に来日し、7年ほど前から天水庵に通っているという。「最近仕事でトラブルがあったのですが、無理せずにマイペースで行きなさいと言ってもらえた」と晴れ晴れとした表情で話す。「知人に連れられ初めて来た時に、この先生とは縁があると思った。人に言えないようなうれしいことや悲しいことも、ここで正直に話すと心が落ち着く」と笑顔を見せた。

1階に戻ると、いいにおいがしていた。集まった女性たちが楽しそうに食卓を囲み、昼ご飯

天水庵の1階で、和気あいあいと食事をする女性たち

を食べていた。「ここは、いっぱい食べて、悩みを置いて、元気をもらって楽しく帰る。そんな場所」。そう言って優しく見守る貞女さんは、まるで彼女たちのお母さんのようだ。

生駒山麓にも儀式スペース

天水庵は東大阪市の生駒山麓にもう一ヵ所ある。「クッ」と呼ばれる儀礼をするための、通称「山の寺」だ。別の日に改めて訪問した。近鉄石切駅から山側に15分ほど歩くと到着だ。敷地内には不動明王や地蔵菩薩の石像も立っている。

お堂は鶴橋の天水庵よりもかなり広いが、同じようにさまざまな神様の絵が掲げられている。一方、こちらのお堂では

色とりどりの衣装が並ぶ生駒山麓のお堂

両方の壁にさまざまな衣装や帽子が並んでいる。カラフルで、見ているだけでも楽しい。貞女さんがクッで神と一体になるために着る衣装で、全部で約50着もあるという。多くは、韓国に特注して作ってもらっているらしい。中には「徳川家康」と書かれた武将のかぶとのようなものもある。「日本の将軍を呼ぶためのものの」だという。

神へ感謝する大規模なクッでは、２日間かけてすべての衣装で舞うという。大きな刃物の上に立つような儀式もあるようだ。集中していないとけがをすることもある危険なものだ。クッの際に訪れた吉田全宏さんが撮影したというその時の写真を見せてもらうと、貞女さんの真剣なまなざしが、目の前の人物の優しいそれとちょっと雰囲気が違うように感じた。

クッの際には太鼓などで大きな音を出すため、この場所に来た当初は通報を受け警察官が駆けつけたこともあった。今では事情を分かってもらっているという。和歌山市の海辺にも、新たに祈りの場を開く準備を進めているそうだ。

「日本の暮らしで不便なことはありませんか」と釈さんが問うと、貞女さんは「ないですよ。私は日本が大好き」とすぐに答えた。クッの様子に感動する日本人も多いといい、釈さんも「お祈りを見て、私も何かが降りてくるような感じを受けました」。

後継者などの育成もしているのだろうか。貞女さんは「誰かに強制されてやることでもないし、できればやらない方がいいとも思っている」と話す。中には、お金のために活動したり、人の心を傷つけるようなことをしたりする巫堂もいるという。実は今回の取材を受けるのも一度はためらったと明かす。「有名になりたいだけだと思われるのは嫌だった」。信者の人生に大きな影響を持つ責任を負っていると感じられる人だけが、信頼される巫堂になれるのだろう。

「一番うれしいことは何でしょうか」と聞くと、「困っていた人が私のお祈りで良くなって、元気な笑顔を見せてくれること。うれしくて涙が出ますよ」。「お医者さんのようですね」と三木さん。母国を離れ、寂しさや悲しさを抱えた人たちの心の医師として、巫俗はこれからも必要とされてゆくのだろう。（花澤茂人）

＊天水庵は現在は移転している。

★巫俗……民俗的なシャーマニズム信仰で、日本では東北地方のイタコなどが知られる。朝鮮半島では今も広く根付き、巫堂などの宗教者が儀礼を通じて諸神諸霊に働きかけ、信者の現世利益を祈る。特に女性の間で信仰があついとされる。韓国では近代化の中、迷信として否定されることもあったが、近年は国民文化として見直す動きもある。ＪＲ大阪環状線の桜ノ宮駅近くの大川河川敷には、韓国済州島出身者らを中心にクッの場として使われたバラック小屋「龍王宮」（大阪市都島区）があったが、２０１０年に撤去された。

釈の眼　朝鮮半島の巫俗

宗教者を「教団宗教者」と「民間宗教者」に分ける考え方がある。双方の境界は不明瞭なのだが、大雑把に言うと、前者は特定の宗教や宗派に属する宗教者を指す。仏教各派の僧侶やキリスト教の神父・牧師などが代表的だ。教義や教学を修得し、教団が定めたルールに基づいて資格を得る。私も教団宗教者である。

後者はもっと草の根的に人々の中で息づいてきた宗教者である。民間宗教者は卜占（うらない）や巫覡（神を祀り、神の意を伝える）の技法を駆使して、庶民の苦悩と向き合う。

今回の吉田貞女さんはまさに民間宗教者的存在であった。朝鮮半島の伝統的信仰をベースにして、天水庵に集う人々と語り合い、儀礼を執行し、神の意思を伝え、訓戒を告げ、共に食事する。シャーマンであり、カウンセラーでもある。

朝鮮半島の巫俗とは、卜占や招福除災の儀礼を行う「巫《ム》」と呼ばれる民間宗教者の活動や信仰を指す。「巫」は、ムーダン、ポサル、ミョンドゥなどと呼ばれている。そのほとんどが女性であり、パクスと呼ばれる男巫もいるが、少数派であるようだ。済州島には男巫であるシンバンという世襲型の巫が活躍しているらしい。

数名の巫や芸能者などが集まって行うのがクッである。クッでは、巫が神霊を招き、祈願や歌舞を行う。同時に芸能が営まれ、人々の娯楽ともなってきたのである。このような宗教と芸能とが渾然となっている事態は実に興味深い。また宗教文化の豊かさを実感することができる。今回、生駒山麓で開催されたクッに花澤記者が同行している。花澤記者はまことにつき合いの良い人物である。そのためか、よくいろんな場に誘われるし、また、それに根気よくつき合っている。彼から大阪でのクッの様子を聞いて、「ああ、北方モンゴロイド系シャーマニズムって、そういう感じなのかも」と感じた。音楽に導かれてトランス状態へ突入し、刃渡りを行うといった形態は、南方モンゴロイドっぽくない（単なる感覚で、エビデンスはない……）。海洋民系のシャーマニズムっぽくないとも言えようか。

それにしても、大阪もなかなかあなどりがたい。こんな宗教の場があるのだから。特に朝鮮半島とのつながりは、大阪という地を考える際に重要である。今なお、朝鮮の文化や信仰が息づいている。ここは大阪の人口密集地に開かれた小さな場であるが、宗教コミュニティーの原型を垣間見ることができるのである。

日本にコプト正教会ができて1周年記念の礼拝に行きました

細川貂々

教会の中に入ると
たくさんの人
この日は
「聖別式」という
特別な儀式が
あったので
報道の人もたくさん
来てました
カシャ
カシャ
うわー
みんな撮影
してる
聖別式とは教会の中に
作られたイコンのついたてに
聖なる油をぬりこめる儀式
ここから先は
聖なる
空間
イコン
の
ついたて

この日のために
エジプトから
教皇、司教、司祭
が来日しました
それぞれ格好がちがう
私は異教徒
だから
見てるだけだな
と思ってたら
パンをもらえました
祝福の
パンは
教会内の
キッチンで
焼いてる
さらに
今日は特別に
ここにいる
みなさんに
ギフトが
あります
(外国語)
へえっ
ホント?

教皇の似顔絵入りキーホルダー
似顔絵入りせんすをもらいました
わーい
最後に信者のみなさんと記念撮影をしてるのがほほえましかったです
教皇が
ハイ笑って、
ハムとチーズのサンドイッチと
お祝いのケーキをもらって帰りました
ごちそう様でした

22 在日クルド人

住民間の交流が進む埼玉の「ワラビスタン」

埼玉県の蕨《わらび》、川口両市一帯には推計１５００人が暮らすというクルド人の大きなコミュニティーがある。クルディスタン（クルド人居住地域）と蕨を合わせた造語で「ワラビスタン」とも呼ばれる地域だ。なぜクルド人が多く居住しているのか、どのような思いで日本での生活を送っているのか。その玄関口でもあるＪＲ京浜東北線・蕨駅へ向かった。

クルド人・日本人合同の安全パトロール

川口市の大型ショッピングセンター。「お父さんとお母さんは?」。ゲームコーナーで遊んでいた6、7歳のクルド人の子ども2人に、ユージェル・マヒルジャンさん（26）が話しかける。辺りに大人らしき姿はない。迷子を防ぐ意味もあって、積極的に接触をはかっているようだ。子どもを連れて歩き、コーナー内で時間をつぶしていた保護者を探し出して2、3言、談笑して別れた。センターを見回すと、ゲームコーナーだけではなく、飲食コーナーなど至る所

ゴミ拾いをしながら安全パトロールするクルド人ら

で、クルドの人々が思い思いの時間を過ごしていた。

毎週日曜の夕方、JR蕨駅前の繁華街で、クルド人と日本人の有志約10人が地元警察と合同で安全パトロールを行っている。この日は年末ということもあり、少し離れたショッピングセンターまで足を延ばした。センター側の担当者は、ユージェルさんらに「年末だけではなく、見回りの回数を増やしてほしい。迷子も多く、特に興奮してしまうと言葉が分かりづらいんです」と要請した。

おそろいのオレンジのヤッケ姿。駅前の繁華街ではゴミ拾いをしながら、「たむろしないで」「どこ行くの？」と、すれ違うクルド人や路上に集まったクルド人に気軽に声をかけていく。かつてコンビニエンスストアなどでクルドの若者が集まり、地域からクレームが上がることが多々あった。ただ、地元の日本人だけでパトロールするのは「差別的」と受け止められかねないため、日本とクルドの混成チームが自発的にできあがったのだという。クルド人同士、日本的な慣習を教え合うこともできる。一昨年秋から始まり、のちに埼玉県警のサポートも得るようになって今に至っている。

来日13年のユージェルさんは「クルド人全員が日本のルールを分かっているわけではない。駅前でたむろしてはいけない。地域との関係を良くしたい」と話す。「最初は怖いと思われて、歩いていると日本人によけられた。今は普通にしてくれるし、苦情もなくなった。日本人の私たちを見る目が変わってきた」と手応えも感じているようだ。パトロールに参加していた日本の男子大学生は「日本人とクルド人がもっと近くなればいいと思う。お互いに知らないことが多い」と話した。

相互交流のために日本語教室も

埼玉南部の蕨、川口一帯は、都心から電車で30分ほどのベッドタウンだ。１９９０年代から増加したイラン人と共に、イラン系クルド人が暮らすようになったといわれる。あとから来日する人々は、この地で基盤を築いた仲間を頼る。聞けば現在日本に約２０００人とされるクル

チョーラク・ワッカスさん（左）と話す釈さん

ド人の7割弱が集中している。大半がトルコ系で、ほとんどの男性は建設・土木現場で働いている。2世にあたる約150人の子どもが地元の学校に通っているという。

「日本に暮らしていて困ることはありますか」。クルド人が集う川口市のケバブ料理店で、釈徹宗さんが日本クルド文化協会事務局長、チョーラク・ワッカスさん（35）に尋ねた。「子どもを学校に入れるのにも手続きが煩雑です。仕事も少なく、健康保険を持てない人もいます」。

チョーラクさんは流ちょうな日本語で仲間たちの境遇を語る。「ここにいるのはトルコの政治が嫌で、差別されて逃れて来た人たち。ほとんどの人は、いつか自分たちの国に戻り、暮らしたいと願っています」

来日8年。大学で言語学を学んだチョーラクさんは、協会の活動として日本語とクルド語の辞書を作った。パトロールのほか、料理教室、フットサル大会、クルド音楽のコンサートにも携わる。「日本人にクルドを知ってもらいたい。こちらのクルド人にもクルド文化を継承したいし、地域との交流で日本の文化を学んでほしい」と語った。

協会では日本語教室も開いている。コミュニティーとのギャップが生じる際の大きな理由の一つに、クルド人の日本語能力があるとの考えに基づく。いくら好意的に接する日本人がいても、片言でも言葉ができなければ、関係性を築くことは難しい。外で働く場が多い男性は、職場で否応なく日本語に触れ、覚えていく機会がある。一方、家で過ごす時間が長くなる女性は、日本語にさらされる場が少なく、結果、孤立してしまう。日本の文化や慣習の理解には、日本語の読み書きが重要だと協会は考えている。

数日後、ちょうどフットサルのリーグ戦が開催されるというので行ってみた。会場はさいたま市南区、JR武蔵浦和駅近くのフットサルのサッカー場。国際難民援護協会が主催し、日本クルド文化協会が共催に名を連ねていた。クルド人チームが4、日本の大学生・ボランティアの混成チームが2、英国の通信社ロイターのチーム、そしてカメルーン人のチームの計8チームが参加している。普段なかなか交流の場所がないクルドの若者たちにその機会を設け、ルー

サズーを手に歌うホザン・ディヤルさん（左）とズルナを演奏するケマル・ジェイランさん

コンサートで盛り上がる客席

ルのなかで相互の友好関係を深める目的を持つ。もちろん主催者名から分かるとおり、難民支援啓蒙の意味もある。

各チームそろいのユニフォームを着用し本格的。セミプロだった選手も混じっているらしく、プレーを見ていて楽しい。ジャッジを巡ってエキサイトする場面も見られた。グラウンド脇にはケバブ屋が店を出し、日本とクルドの子どもたちが一緒になって遊んでいる。優勝チームは日本の大学生とボランティアの混成チームに決まった。

試合内容とは関係のないところで、印象的なシーンがあった。東京の入国管理局に収容されたままなかなか解放されない親族がいるクルド人の男性が、「私たちは（日本人と融和しようと）努力しているのに、なぜ現状はこうなのか」と、ボランティアの日本人男性とちょっとした言い合いを始めたのだ。パトロールにも参加しているボランティアの男性は「気持ちは分かるが、我慢しなくてはだめだ。余計疎外される」と繰り返した。親しい者同士のやりとりで深刻な決裂はないと感じたが、現実の大きな壁を見せつけられた気がした。

移民・難民問題は身近にある

年が明けた1月8日には、クルドの人々の間で著名な歌手、ホザン・ディヤルさん（50）が初来日し、川口市の市民会館でコンサートを開いた。招聘元は日本クルド文化協会。冷たい雨が降りしきるなか、会場には４００人以上の在日クルド人が詰めかけ、熱気に包まれた。日本人の姿もあった。

伝統的な弦楽器サズー、木管楽器ズルナの伴奏に乗せて、ホザン・ディヤルさんがクルドの歌を力強く歌う。哀愁のある旋律が繰り返される。観客の年齢層も幅広く、小さな子どももいる。客席で一緒に歌い、口笛を吹き、クルドの旗を振る。終盤にはステージ前のスペースで輪になって踊りはじめ、大盛り上がりとなった。コンサートは実に4時間以上続いた。

観客の一人の男性は「彼の歌を子どものころから聞いてきた。なつかしくて、故郷を思い出す。日本で聞くことができてうれしい」と興奮気味に話した。抑圧された民族の悲しみの歌、ゲリラに参加して死亡した人を歌った歌などが演奏されたという。

ホザン・ディヤルさんは28年前に故郷を離れ、ドイツに暮らしている。これまで、世界中に散らばったクルド人のコミュニティーを訪ね、コンサートを開いてきた。その数50ヵ国以上。「故郷から何万キロも遠い町で、いつか自分の国に戻りたい、と願う彼らの悲しい気持ちを私は理解している。クルド人のそんな気持ちに対して私は歌いたい。今、がんばるんだ、という希望を与えたい」と述べた。

クルド文化協会のチョーラクさんは釈さんに、在日クルド人の宗教意識はあまり高くないと説明した。ただ毎年3月、「ネウロズ」という新年の祭りがある。女性たちは華やかな民族衣装に身を包み、男女ともにクルドの音楽にあわせて踊る。蕨の公園で開くネウロズには、日本人も合わせ1500人が集うという。この祭りがクルドの大きな精神的、文化的な支柱になっているのが伝わる。

「日本から自分たちの民族を応援したい」。チョーラクさんは力をこめた。当然困難を伴う場面もある。だが、「ワラビスタン」では、地域社会に開かれた活動、イベントを開催することで、在日クルド人、世界のクルド人に対する理解を広げていこうとする動きが続いていた。中東から遠く離れ、日本に暮らすクルドの人々は、移民・難民の問題、そして中東の問題が私たちの身近にあることを教えてくれる。（棚部秀行）

★クルド人……トルコ、イラク、イラン、シリアの四つの国に居住地域が分断され、「国家を持たない世界最大の民族」と呼ばれる。それぞれの国で政治的弾圧を受けたり、経済的に不安定な立場に追いやられたりするため、他国に逃れる人が多い。国連の難民指定を受けている。クルド人に限らず、日本では難民認定を申請してもほとんどが認められていない。チョーラクさんは日本の法に理解を示しつつ「実情に合わせた柔軟な形を探ってほしい」と話す。

釈の眼　在日クルド人

中東における二大民族問題として、イスラエル問題（パレスチナ人とユダヤ人）とクルド人問題がある。前者を知る人は多いが、後者を知る人は少ない。日本でクルド人問題がクローズアップされるようになったのはいつ頃だろうか。個人的には、フセイン政権下におけるイラクでクルド人が虐殺された問題が印象に残っている。また、近年ではＩＳ（いわゆるイスラム国）がヤズィード教徒たちを迫害したことで注目された。ヤズィード教はクルド人の一部で信仰されている民俗的宗教である。２０１４年、ＩＳはヤズィード教徒の女性（少女も含む）を大勢誘拐して、戦闘員に奴隷として配布した。

ヤズィード教について少しお話しよう。イラク北部からトルコ東部の山岳地帯に居住するクルド人たちの宗教である。『世界宗教百科事典』によれば、クルド人のヤズィード教徒に生まれた者がすなわちヤズィード教徒であり、改宗はできないそうである。12世紀初頭に登場した、ウマイヤ朝カリフの子孫と称するシャイフ・アディーによって教団が成立した。教祖シャイフ・アディーを埋葬したラリシュの谷（イラク北部）を聖地としており、信徒は毎年10月にそこを訪れることが義務づけられているという。宗教学的に見れば、古代イランの信仰と、イスラームのスーフィズム（一般にイスラーム神秘主義と訳されている）とが融合した宗教だとされている。独特の創世神話をもっているが、そこにはゾロアスター教の影響が見られる。

現在のクルド人たちの大半はイスラームである。日本で暮らすクルド人たちも、「信仰は？」と問われれば、「イスラーム」と答える人がほとんどのようだ。しかし、イスラム教以前の古い宗教（伝統的な山岳信仰や、ゾロアスター教やヤズィード教などを含む）を信仰している人々もいる。だから、「我々はいつの間にかイスラーム化されてしまい、もともとの伝統的宗教が壊れてしまった」と考えるクルド人もいるのだ。その意味においても、クルド人特有の祭であるネウロズは、民族の自覚と直結する重要な宗教儀礼だと言えよう。非イスラーム文化圏である日本で暮らすからこそ、もう一度自分たちの宗教的古層を探る営みが始まるのかもしれない。

余談になるが、こんな話を聞いた。クルドの人々は思いをストレートに表現するのが一般的らしい。だから日本に来て一番とまどうのは、コミュニケーションだそうだ。日本人的あいまいな応答に慣れるまですごく時間がかかるようである。「でも大阪人はコミュニケーションが上手なので、驚いた」と言っていた。大阪人……、クルド人にも通用している……。

23 春節祭

華やかで楽しい「ザ・祭礼」

中華圏で最も大切な祝日とされる旧正月「春節」。日本では新年、寺や神社へ初詣に行く習慣があるが、異国の地で暮らす華僑たちの旧正月に宗教はどう関わっているのだろうか。三木英・大阪国際大教授と釈徹宗さんとともに２０１７年２月、大阪市浪速区の大阪中華学校で開かれた台湾の春節祭へ出かけた。

あいにくの雨。にもかかわらず学校のグラウンドは傘を差す人々であふれかえっていた。あちこちで日本語や中国語が飛び交い、訪れた人たちはみなこの日を待ちわびていたかのようだ。牛肉麵や水餃子、台湾ソーセージなどを売る20以上の屋台が正面のステージを挟むようにずらりと並び、校門を飾る赤いぼんぼりが華やかなムードを演出する。雨を吹き飛ばすほどの熱気に圧倒されながら、人混みをかきわけてステージへと向かった。「一年に一回の大切なお祭りを浪速区の皆様と一緒に楽しみましょう」。午前10時、主催の大阪中華総会・洪勝信会長（71）が日本語であいさつすると、祭りの始まりを告げる爆竹音がパンッパンッと派手に鳴り響いた。

一年の平安と健康を祈る

校舎1階のピロティには台湾仏教の「臨済宗大阪佛光山寺」と「臨済宗中台禅寺大阪分院普東禅寺」の仏壇がそれぞれ設置されていた。佛光山は台湾仏教の中で最も早く日本に進出したらしく、国内では東京や名古屋、福岡などにも別院が設けられている。一方の普東禅寺は中台禅寺が日本に設けた最初の分院で２００９年、門真市に道場を開いた。道場では中国語や精進料理、座禅の講座なども用意され、日本人も訪れているという。大阪中華学校は特定の宗教とのつながりを持たないが、春節祭では一日限り、こうしたお祈りの場を設けている。祭りの開幕前には信徒たちが集まり、説法に耳を傾ける場面も見られた。

どちらも黄金に輝く仏像が鎮座し、手を合わせて拝む人の姿が絶えない。「賀正」の文字が飾られ、仏前に果物や花などのお供え物が並ぶ様は日本の正月でもなじみの光景だ。参拝客の中には「旅行で台湾が好きになった」というご近所の日本人家族の姿も。その様子を眺めていると、佛光山寺の尼僧、釈妙崇副住職がお祈りの仕方を教えてくれた。小さな透明のケースに入った花のお供え物を手に、「これを額の前に掲げて心の中でお願い事をして下さい」と釈副住職。隣の普東禅寺の仏壇にも手を合わせ、勧められるがまま「おみくじ」を引くと、短冊

春節祭の会場に設置された佛光山時の仏壇に手を合わせる来場者たち

に「定心　浄心　明心」と記されていた。一年を占う日本のおみくじとはどうやら違うようだ。なんだかありがたい言葉のように感じられる。

会場に設置された仏壇について、同校の陳雪霞校長（62）は「一年の平安や健康を祈る場。日本の初詣と同じです」と説明する。陳校長自身、日本の寺や神社にも初詣へ行くといい、「にぎやかなのがいい。友人に会えば互いに『恭《コン》喜《シー》恭《コン》喜《シー》』とあいさつします。おめでとうございますという意味で、とても縁起がいい」。釈副住職に春節祭への参加理由を尋ねると、「同じ台湾人として（祭りを）サポートしたい。台湾に帰れない人もここでお祈りできるし、悩みがあればお釈迦様が聞いてくれます」とにっこり。信仰の有無を問わず、お祈りに訪れた人々の心を広く受け止める寛容さが感じられる。三木教授は言う。「新しい一年への思いを確認する機会を提供し、台湾の人にとっては『ここに来れば台湾がある』、そんな安心感があるのでしょう」

日台友好イベントとして地域の風物詩に

大阪中華総会は台湾系の華僑を会員とし、終戦後間もない1946年に発足した。現在は主に大阪在住の2、3世を含む約300世帯が登録している。華僑の団結や日台友好のためのさまざまなイベントを行っており、今回で17回目を迎えた春節祭もその一つ。「春節は本来家族で祝いますが、このお祭りではここでしか会えない仲間や学校の卒業生たちが集まり、同窓会のようになっています」と大阪で生まれ育った洪会長。「つながりを実感できる素晴らしい場ですね」と釈徹宗さんがうなずく。華僑同士の絆を深めるだけでなく、「日本の多くの友人に中華伝統の文化を理解してもらい、お互いの親善や認識を深めていくことに意義がある」と洪会長は説明する。

大阪中華学校は幼稚園から中学校まであり、大陸系の華僑も通う。日本のカリキュラムだけでなく、台湾の教材も使用しながらグローバル化する世界に目を向けた教育を行っている。近隣の小学校との交流もさかんで、互いの文化や風習を学び合っているのだとか。陳校長はこの

大勢の人々が見守る中、披露された獅子舞

学校に初めて来た時、青天白日旗が揚がっていたのが印象的だったといい、「ここにも台湾があるんだと実感し、感動で涙が出ました」と振り返る。学校の教育方針としては特に倫理道徳を重視し、「物質ばかり豊かになっても精神的に空っぽではだめ。人間としての敬いや慈悲の心を育てたい」と力を込める。

春節祭のステージでは生徒による豪快な獅子舞や大きな旗を使った迫力満点の民族舞踊、「上を向いて歩こう」などの二胡演奏が披露された。この日のために特訓を重ねてきたといい、息ぴったりだ。色とりどりの民族衣装に身を包んだ生徒たち、そしてそれを見守る保護者らはみな誇らしげな表情を浮かべていた。午前の部が終わったところで、おいしそうな匂いにつられて屋台の行列へ。熱々の牛肉麺とニラ饅頭を買い、休憩スペースになった教室でゆっくりと味わった。舞台の裏では、仏教ボランティア団体「慈済基金会」がゴミ拾いやトイレ掃除を手伝う姿も見られた。「信仰だけではなく、助け合うのが台湾の宗教の精神」と陳校長。その言葉が示す通り、祭りの場は終始、一体感に包まれていた。

「在阪華僑」を掲げた祭りの名称はこの年から「大阪春節祭」に改められた。大阪中華学校の出身で、大阪中華総会事務長の林学謙さん(43)は「最近は華僑より日本人の来場者が多い。国や政治を越え、日台友好のイベントとして地域の風物詩になってきました」と理由を述べる。会場にいた地元の日本人住民からは、「本格的な台湾料理が安く食べられるので毎年楽しみにしている」「民族舞踊も見応えがある」との声が聞かれた。地域に開かれた春節祭は、文化的交流の場としても着実に浸透しているようだ。

しなやかな宗教のありよう

この日、佛光山寺の信徒から「人間《じんかん》仏教」という言葉を教えてもらった。俗世間から隔絶した修行ではなく、仏の教えの実践として「人間の中へ」をうたう台湾仏教の理念だ。三木教授によると、台湾仏教は80年代以降、民主化と自由を求める台湾の民衆に寄り添う形で社会貢献の大切さを説いてきた。「政治によって押さえ込まれていた人々の思いは解放され、自由を手に入れた。人生を充実させる活動にその自由を生かしたいと考える人々のニーズと、社会貢献を説く仏教団体の主張とがうまくマッチした」と三木教授は分析する。異郷での祭りを支え、にぎわいに溶け込み、新年への祈りを通じて人々の心を充足させる。笑顔あふれる祝祭の場で、そんなしなやかな宗教のありように思いを巡らせた。（清水有香）

★春節……中国や香港、台湾などで祝われる旧暦の元日。旧暦では年によって元日が変わり、取材に訪れた2017年は1月28日だった。爆竹や花火で年越しを盛大に祝い、新年には門前に赤い魔よけの紙を張って無事息災を願う。春節祭は日本各地の中華街などでも開かれ、多くの華僑が住む神戸・南京町では1987年から開催されている。大阪春節祭は01年に始まり、毎年5000人余りが訪れるという。

釈の眼　春節祭

近年、「旧正月」「春節」といった言葉を耳にする機会が増えた。中国文化圏の人々が、故郷へと帰る大移動の様子や、祝日を楽しむ家族旅行の様子、大量の爆竹を鳴らして祝う光景などが、季節のニュースとしてしばしば取り上げられる。もともとは祖霊や地霊への祭祀、また農作物の豊作を祈る予祝儀礼であったらしい。

第14回の関帝廟のところでも少し述べたが、中国の宗教は道教ひとつをとってもなかなか輪郭をとらえづらいところがある。いわゆる「○○教は、こういう特徴があります」といった文脈で語るのが難しい。儒教・仏教・道教・キリスト教・イスラームというような体系宗教に加えて、民間信仰の領域も大きい。結社的な宗教集団も多い。そんな中、宗教儀礼として広範囲に共有されているのが春節祭である。中国国内のみならず、シンガポールや台湾や韓国などでも盛んである。私が勤務している大学でも、やはり春節祭には自国へ帰るという中国系留学生は多い。日本国内でも、以前から中華街を中心として行われてきたが、このところ街の各地でイベント的に開催されている光景を目にするようになった。

大阪中華学校は、台湾から直接教科書や教材を取り寄せ、一般的な教科だけでなく、「中国語」や「道徳・倫理」も教育しているとのことだ。敬いや慈悲の心を育てることに主眼をおいているという。日本で暮らす異教の隣人たちにとって、次世代への教育が大きな関心事であることは繰り返し述べてきた。「学び」と「祈り」はコミュニティーの根幹なのである。これは異国で苦労している人々との対話を通じて骨身にしみた実感である。その意味において、学校がひと役かって出て祭事を営むのは、なかなか悪くない形態だと思う。

校庭や校舎を使っての春節祭は、学校の文化祭のようであり、縁日のようであり、お寺の境内のようでもある。大阪にある台湾系三大寺院（佛光山・普東禅寺・慈済会）が集い、勤行や説法を行っている。やはりここでも台湾仏教のアクティブさが目につく。説法の語りも（言葉はわからないが）魅力的である。いい説法は、表情と口調でだいたいわかる（なんといい加減なリポート）。

民俗学者の柳田国男は、祭礼とは「華やかで楽しみの多いもの」と表現したが、まさにその定義にぴったりである。

＊参考文献紹介　各回での宗教解説は、主として世界宗教百科事典編集委員会編『世界宗教百科事典』（丸善出版、2012年）に拠った。さらに理解を進めたい人にはお勧めの書である。

24 宗教への感性を身につける

三木英 × 釈徹宗

次世代にどう伝えていくか

釈　これで最終章ですので、これまでの歩みを三木先生と振り返ってみたいと思います。この連載を始める時に、念頭にあったのはイスラム教でした。日本人にとってどんどん身近な存在になるものの、知る機会も少ないし誤解も多い。肌感覚での情報を必要としている人は少なくないと感じていました。そこでイスラム教も含め、関西エリアで、日本ではなじみがないさまざまな宗教のコミュニティーを回って、日本で信仰を維持する苦労や、それを続ける喜びはどこにあるのかという話を聞こうと提案したのです。でも、半年続いたらええやろうと思っていたのが、まさか丸2年も続くことになろうとは。これは三木先生のご協力なしにはありえませんでした。

三木　私としても光栄でした。自分の仕事が人に知られるパイプができるという喜びがありました。

釈　みなさんに話を聞いていくと、一番の懸案事項は「信仰や文化を次世代にどう伝えていくか」でした。教育の問題も含めまして、この不安が大きいようです。「われわれ（1世2世）は本国の様式も知っているし、自分たちの信仰を守っているが、果たして次の世代にどう伝えていけばいいのか」。自分たちの文化圏であれば学校教育や地域での学びもあるけれど、日本ではそれが期待できない。その点が一つですね。他には、食に関する苦労や、葬儀・埋葬の問題もよくトピックスとして上がったように思います。

三木　日本で生まれたり、小さい頃に来日して日本語しか知らない子が、大学を卒業し社会に巣立つ世代になっています。そこで次の世代にどう伝えていくか。教育の問題は南米出身者の方が深刻で、要は景気の安全弁として来日している人が多い。人材派遣会社を通じて来日して、借り上げ社宅に住み、父母は日中や夜中に働きに行って、なかなか子供と接する時間がない。ポルトガル語も教えたいがちゃんと教えることができない。そんな中で教会ができ、そこに集まって勉強している子供たちの姿を滋賀県・長浜で取材したことがあります。教会がなければ、日系ブラジル人の孤立感はもっと強かっただろうと思います。一方、イスラムの方は自営業が多く、経済的には恵まれている。

釈　イスラムはそもそもグローバルで、国境とか関係ないタイプの信仰ですからね。どこで暮らしても自分たちの生活様式を続けていくことが可能なんだと思います。

連載を振り返る三木英さん（右）と釈さん

人間にとって必要な場

釈　対話を通して、人間にはこういう場が必要なのだと改めて実感しました。同じ信仰、生活様式、言語、食習慣を持つ人が集う場があるから暮らしていける。特有の行動様式や価値体系の蓄積が宗教だと考えるなら、異文化の中で暮らしている人にとって、自分たちの宗教的土壌を感じられる場は必要となってきます。

三木　同感ですね。宗教なんて関係ないという日本の若い子でも、夏には先祖に思いをはせることもあるでしょうし、年の初めには神仏に「1年がんばります」と誓ったりする。

釈　NHKの「100分de名著」とい

う番組で伊集院光さんとご一緒した際、彼が番組の中で「宗教に関心はないが、たとえばおにぎりを足で踏めと言われたらどうしてもできません」と言っていました。実は、そういうところにこそ宗教の本質みたいなものがある。理屈抜きの抵抗や喜び、不合理な情念……。こういったものはつい軽視しがちです。でも、それが発揮される場や集いがなければ、日常はとても過酷になる。

三木 「釈の眼」でも「こういう場が必要、ここがあったからこそ」という言葉が頻出していますね。

釈 例えばブラジル教会やベトナム寺院の人たちは、「この教会があるからこそ暮らしていける」とストレートにおっしゃっていましたね。ベトナム寺院のお世話役をしている女性が「荒れていたわれわれを引き受けたのはキリスト教」と言うのを聞き、あらためてキリスト教は偉いなあと思いました。でもあの人たちは教会に通っても違和感があるんですね。「やっぱり伝統的なベトナムの葬式を出したかった。寺ができたことでコミュニティーは落ち着いた」と語っていました。

ブラジル教会の方は、「日本で暮らす仲間のために」と立ち上げられた日本生まれのキリスト教会。そこに行けばポルトガル語でしゃべってお祈りをして、母国語でお説教を聞いて、終わったら国の料理を食べて、絆を確かめ合って、また月曜から一生懸命に働くというサイクルができている。牧師さんが南米独特のリズムに乗って、流れるようにお説教をするんです。ことというときに「兄弟たちよ、一人で泣いてはだめだ」と言うと、うわーっと盛り上がる。あの強烈な一体感たるや大変なものです。まさにあれが彼らの生を根源的に支えているなと思いました。

三木　涙をふくためのティッシュの箱が教会の柱にいくつも下がっていましたね。

新しい文化が生まれる可能性

釈　もう一つ印象深かったのは、文化の記憶装置としての宗教施設です。世代が下っても、そこにアクセスすれば伝統的な自分たちのルーツや文化、言葉、食事、生活様式を学ぶことができる。道教のお寺では、「故郷の中国南部の食文化などよく知らない。でもここのお祭りで料理を作る。だから忘れない」と聞きました。お寺や教会が、集う場であり、記憶装置でもあるというのが、どこでも共通していたことです。

三木　私がこれまでフィールドワークで異教の隣人にアプローチしていたのは、日本にやってきて教会やモスク、お寺をやっている人が、近所の日本人とうまくやっているのか見極めたいというところに主眼がありました。結論は、問題はあるにしても、平衡状態が続いていてお互い交わらないがゆえに、トラブルめいたことは幸いにしてない。けれどもこれが次の世代、2

世、3世の代になると交わる方向に向かうと感じています。だから、新しい文化が生まれる始まりのところに、いまわれわれがいるのかなと思いました。

カトリックのミサの影響で茶道ができたり、6世紀に入ってきた仏教がもともとあった先祖崇拝と合体して日本の仏教になったように、これから新しい文化が生まれる可能性があると思います。食でいえばハラルフードも、できるだけ化学調味料を使わない一種の健康食です。健康志向の時代に、ハラルフードと日本の和食が合体した新しい食文化が生まれる可能性があると思いました。

ベトナム寺院で見たような、若いお嬢さんたちが舞いながら何かを捧げる儀式は日本にはないわけで、日本のお寺でこういうシーンがあれば、お坊さんも楽しいし、墓参りにしか行かないような人もお寺に足を運ぶのではないか。そんなふうに、日本の仏教にも何かインパクトを与えて、新しいものが生まれるのではないかと思っています。

宗教センスの必要性

釈　今回いろんな宗教者や信仰を持った人たちが集う場へと足を運び、お話をうかがってきましたが、やっぱり手探りなんです。距離を測りながらどこまで聞いていいのか、踏み込んでいいのか、どんな感じの人なんだろうとか、エキセントリックか温和な人か、熱心な信仰を持っているかゆるやかか、毎回推し量りながら対話を進めていました。こういう際に必要なのは宗教的センスだなと実感します。いまはもう、近所に異質の信仰を持って異なる生活様式を大切にしている人が暮らす社会であることを自覚しないと、無意識のうちにその人たちを傷つけてしまう。彼らはマイノリティーなのですから。しかもそれが無自覚だからタチが悪い。ちょっとしたことで些細なトラブルが起こり、偏見や差別や排除へとつながる。互いに敬意をもって、うまく折り合っていかねばなりません。

宗教は理屈どおりにいかない面があります。情緒的な部分、様式の部分、習慣や習俗の部分もある。スパッと切って捨てたり、合理的に説明できなかったりする。それだけに、突き詰めて言えばセンスの問題になってきます。それぞれの宗教センス、宗教的感性が問われる。いままではあまりそういうことを考えなくてもいい社会だったのかもしれないですが、これからはイスラームを代表としてさまざまな異教の隣人と暮らす社会になっていきます。宗教的感性の成熟が我々の課題であると、このシリーズで確認できた気がします。

三木　その感性は宗教者に求められるものでしょうか。

釈　宗教者はもちろんのことですが、現代社会を生きる人々に広く求められるものです。それは、私たちが長い間かけて育んできた人権感覚に近い。かつて人権感覚を育てていくために長い間の取り組み・言説・教育が必要だったのと同じで、異教の隣人たちと共に社会を運営していくためには宗教的感性を成熟させていかねばなりません。この連載がそのきっかけになればと思っています。関西圏ひとつをとっても、こんなにいろんな宗教の人がいて、こんな風に暮らしてるんだ、知らなかったなとか、そんな感じで読んでいただければ。

三木 「こんな教会があったのか、おもろそうやな、信者にはならないけど行ってみようかな」というのもありです。

釈 そうですね、接触がないと感性も成熟していきませんので。もう「宗教が嫌いだから」「無宗教だから」では済まない。信仰を基盤に精一杯暮らす人間の姿を知り、社会について考える。これは避けて通れない道だと思います。

三木英（みき・ひずる）……1958年生まれ。大阪国際大学教授。宗教社会学。著書に『宗教と震災――阪神・淡路、東日本のそれから』『異教のニューカマーたち――日本における移民と宗教』（共に森話社）、『宗教集団の社会学――その類型と変動の理論』（北海道大学出版会）などがある。

＊本書は、毎日新聞大阪本社版の連載記事「異教の隣人」（掲載期間２０１５年４月～２０１７年３月）をもとに、大幅加筆・再構成したものです。本文中の年齢・肩書きは掲載当時のものです。

著者について

釈徹宗（しゃく・てっしゅう）

1961年生まれ。宗教学者・浄土真宗本願寺派如来寺住職、相愛大学人文学部教授、特定非営利活動法人リライフ代表。専攻は宗教思想・人間学。『不干斎ハビアン——神も仏も棄てた宗教者』（新潮選書）、『法然親鸞一遍』（新潮新書）、『死では終わらない物語について書こうと思う』（文藝春秋）、『お世話され上手』（ミシマ社）、『落語に花咲く仏教——宗教と芸能は共振する』（朝日選書）など著書多数。

細川貂々（ほそかわ・てんてん）

1969年生まれ。セツ・モードセミナー出身。漫画家・イラストレーター。『ツレがうつになりまして。』『イグアナの嫁』（共に幻冬舎文庫）、『どーすんの？ 私』（小学館文庫）、『それでも母が大好きです』（朝日新聞出版）、『それでいい。』（水島広子との共著・創元社）、『日帰り旅行は電車に乗って』（ミシマ社）、『お多福来い来い』（小学館）など著書多数。

毎日新聞「異教の隣人」取材班

2015年、大阪本社学芸部所属の中本泰代、棚部秀行、花澤茂人、清水有香の4人で結成された取材チーム。

中本泰代（なかもと・やすよ）：1974年生まれ。97年入社。奈良支局、大阪本社社会部、編集制作センターなどを経て、現在は北陸総局次長。

棚部秀行（たなべ・ひでゆき）：1970年生まれ。98年入社。仙台支局、東京本社社会部などを経て、現在は東京本社学芸部副部長。

花澤茂人（はなざわ・しげと）：1982年生まれ。2005年入社。奈良支局、京都支局を経て、現在は大阪本社学芸部。文化財、宗教を担当。

清水有香（しみず・ゆか）：1982年生まれ。2006年入社。和歌山支局、編集制作センターを経て、現在は大阪本社学芸部。美術などを担当。

異《い》教《きょう》の隣《りん》人《じん》

2018年10月30日　初版

著　者　釈徹宗・細川貂々・毎日新聞「異教の隣人」取材班
発行者　株式会社晶文社
　　　　東京都千代田区神田神保町1-11 〒101-0051
電　話　03-3518-4940（代表）・4942（編集）
URL　http://www.shobunsha.co.jp
印刷・製本　中央精版印刷株式会社

ISBN978-4-7949-7061-9　Printed in Japan